LES THÉATRES
d'Ombres Chinoises

RENSEIGNEMENTS COMPLETS & INÉDITS
sur la manière de fabriquer soi-même et d'employer

UN THÉATRE D'OMBRES
ET LES PERSONNAGES

PAR

Le Prestidigitateur ALBER

Auteur de la *Projection* en pratique, des *Narrations*, des *Conférences* optiques, etc.
Rédacteur à *La Nature*
à *Ombres et Lumière*, à la *Grande Encyclopédie*, etc.

OUVRAGE ORNÉ DE PLUS DE 100 DESSINS DE L'AUTEUR
ET D'UN PORTRAIT

PRIX : 2 FR. 50

E. MAZO, ÉDITEUR
8 & 10 — Boulevard Magenta — 8 & 10
PARIS

Paris, le 1er novembre 1896.

Les Théâtres

d'Ombres Chinoises

.

BIBLIOTHÈQUE DE LA PROJECTION

LES THÉATRES
d'Ombres Chinoises

RENSEIGNEMENTS COMPLETS & INÉDITS
Sur la manière de fabriquer soi-même et d'employer
UN THÉATRE D'OMBRES
ET LES PERSONNAGES

PAR

Le Prestidigitateur ALBER
Auteur de la *Projection en pratique*, des *Narrations*, des *Conférences optiques*, etc.
Rédacteur à *La Nature*
à *Ombres et Lumière*, à la *Grande Encyclopédie*, etc.

OUVRAGE ORNÉ DE PLUS DE 100 DESSINS DE L'AUTEUR
ET D'UN PORTRAIT

PRIX : 2 FR. 50

E. MAZO, ÉDITEUR
8 & 10 — Boulevard Magenta — 8 & 10
PARIS

THÉATRES D'OMBRES

AVANT-PROPOS

Tout le monde connaît les ombres chinoises, mais beaucoup de personnes sont embarrassées pour établir cette distraction si simple et si à la mode. Bien que nous ayons souvent fourni des théâtres complets aux amateurs, nous ne faisons pas un secret de la construction du théâtre spécial, et nous donnons dans les quelques pages qui vont suivre, toutes les indications nécessaires pour établir sans tâtonnements un théâtre complet d'ombres chinoises, genre Chat-Noir, ou semblable à celui qui nous sert à donner des séances dans les salons.

Déjà, quelques ouvrages ont été publiés; mais, à notre avis, ils ne peuvent renseigner suffisamment ou assez exactement l'amateur.

Les uns ne donnent que des pièces sans indications suffisantes pour le théâtre, d'autres recommandent des moyens absolument primitifs et qui feraient renoncer à produire des ombres après quelques essais. Nous croyons avoir fait ce qu'il fallait faire : Nous avons simplement décrit les moyens qui nous ont réussi et les procédés que nous avons employés. Nous n'avons rien décrit par ouï dire, et tout ce que nous recommandons a été essayé par nous ou sous nos yeux. Nous avons choisi en connaissance de cause et nous avons écarté les moyens que nous avons jugés défectueux.

Nous n'avons pas toujours indiqué pourquoi nous conseillions d'agir de telle ou telle façon, mais quand nous avons donné une indication, c'est parce que l'expérience nous l'avait enseignée et nos lecteurs peuvent nous suivre en toute assurance.

                                        A.

PRÉFACE

~~~

Nous ne pouvions désirer mieux comme préface, que l'article suivant de M. Robert Hautiez, paru dans le journal *Ombres et Lumière*. — Nous le reproduisons en entier avec l'autorisation de l'auteur.

> Les ombres ne sont pas ce qu'un vain peuple pense ;
> C'est le rêve par l'art : un monde, un monde immense.

L'opinion s'était propagée et a trop longtemps duré que le théâtre d'ombres était un théâtre bon pour les enfants et pour..... les sauvages. Parce que l'ingénieux Séraphin a su pendant de longues années intéresser toute une génération d'enfants, et les parents avec, on avait pris contre ce spectacle une prévention injustifiée ; parce que les enfants ne se lassaient pas de s'entendre raconter ou de voir passer sous leurs yeux la simple et pourtant amusante farce du Pont-Cassé, on en était venu à croire que c'était là tout ce que pourrait produire la mystérieuse collaboration des deux plus grands agents de la nature, c'est-à-dire la lumière et l'ombre ; parce que les arabes, ces hommes qui ont des âmes d'enfant, se plaisent sous la tente, à ce spectacle de gestes, on en avait conclu qu'il était au-dessous de l'estime du monde civilisé, et longtemps on le laissa à l'écart.

Les enfants mêmes en furent privés ; le petit théâtre de Séraphin disparut et ne fut pas remplacé. Et tout à coup, en ces dernières années, il reparut sous un autre nom et sous d'autres auspices, agrandi, embelli, devenu personnage d'importance, mais au fond, le même, et ne pouvant ni dédaigner, ni changer son nom ; c'était, toujours, l'ombre chinoise.

Quelques poètes, quelques littérateurs, causant un jour entre les bocks, émirent des opinions bien subversives ; ils imaginèrent que notre théâtre actuel, produit d'une civilisation trop savante et trop ingénieuse, se mourait de l'excès de ses qualités mêmes, tué par trop de recherche et de complication dans les idées, aussi bien que par trop de minutieuse exactitude de mise en scène. Déjà, il est vrai, on commençait en dehors d'eux à s'en apercevoir, et quelques esprits audacieux avaient signalé cet abus. Ils le dirent, eux, plus haut que tout le monde, et un cabaretier avisé, qui fournissait la bière, se chargea de le démontrer pratiquement à son profit. Dès lors, le *Chat-Noir* était créé, les ombres remises en honneur, un mouvement se signalait qui ne s'arrêtera pas là ; de même qu'un palet jeté dans l'eau forme à la surface un cercle, que ce cercle en engendre une quantité d'autres qui vont toujours s'élargissant, la Renaissance des Ombres pourra être, croyons-nous, une époque dans la vie générale du théâtre ; la petite scène revivra ; elle pourra, elle devra prendre de l'importance ; elle ne tuera certes pas le théâtre, mais elle apprendra peut-être à son grand confrère que la simplicité est l'âme des grandes choses et le caractère particulier des sentiments vrais.

Le cri du cœur meurtri ne gagne rien à être jeté en présence de 5oo figurants et dans l'écrasant étalage d'un amas de palais. Electre ou Phèdre, au temps de la Grèce ou même en notre dix-neuvième siècle, n'excitaient pas moins d'intérêt et de pitié quand deux colonnes figuraient une demeure royale, et deux arbres une forêt. Le souci exagéré de la mise en scène a dû, à notre avis, tuer bien des pièces ; c'est qu'on n'occupe pas impunément à la fois l'oreille et l'ouïe : ou alors, les deux organes, insuffisamment frappés, n'éprouvent aussi qu'une sensation insuffisante et passagère ; et, sans s'en rendre compte, le spectateur part mécontent, comme quelqu'un qui viendrait de s'asseoir à une table bien servie, et qui cependant aurait mal dîné.

Des auteurs, et non des moins connus, ont essayé de réagir, mais sans trop de succès. Alexandre Dumas raconte lui-même, si je ne me trompe, qu'il eut une peine infinie à faire enlever dans un décor de salon deux portières rouges dont le ton éclatant devait, à son avis, retenir, occuper l'œil du spectateur au point de rendre son oreille impuissante à suivre l'enchaînement des pensées ou la musique des paroles.

Voyez, au contraire, le spectateur des ombres ; comme il est saisi, captivé, empoigné ; comme il s'intéresse, petit ou grand, à une histoire simple et naïve : au passant qu'arrête sur sa route un pont ruiné, à Cendrillon martyrisée par ses sœurs, aux aventures du Petit Poucet ; comme il s'amuse franchement aux démêlés de Polichinelle avec sa femme ou avec le commissaire. A quoi cela tient-il ? N'est-ce pas parce qu'il est en communication directe et plus intime avec ces personnages ? Il est seul avec eux, pour ainsi dire, sans l'interposition ou la surcharge de décors superflus ; la lumière ne s'éparpille pas en mille sens divers et sur plusieurs acteurs ; elle met en évidence ceux qui occupent la scène, elle les découpe, détache leur personnalité par tous ses angles et ils acquièrent de là une intensité de vie qu'on ne soupçonnait pas tout d'abord.

Et s'il faut tout vous dire, j'imagine que l'obscurité né-

cessaire est un des grands éléments de puissance dans ce
spectacle spécial. Wagner l'avait bien compris, lui qui a
voulu que son théâtre fût présenté, lumières éteintes et
orchestre dissimulé. Quelle conscience n'avait-il pas du
besoin de rapprocher le plus possible le spectateur du
Bonhomme, de les mettre en présence sans intermédiaire.
Cette condition obligatoire aux ombres chinoises est donc
un de leurs éléments de succès et explique leur pouvoir.
En ce temps où les questions de magnétisme et de suggestion sont ardemment étudiées, on sera compris si l'on
dit qu'il s'établit une suggestion de la part du petit acteur
mécanique sur son spectateur. Le Bonhomme, comme je
le disais tout à l'heure à propos de Wagner et comme il
est bien plus exact de le dire à propos d'un théâtre d'ombres, n'y fait pas de façons ; il se campe, seul, en pleine
lumière, il force l'attention, il se fait écouter, il ravit son
auditeur. C'est-à-dire qu'il l'emporte où il veut ; aux con-
fins du drame noir ou de la plaisanterie tabarinique, s'il
sait lui parler cette langue simple et naturelle qui convient
à tous, que tous comprennent, celle qui a toujours fait les
grands orateurs et les bonnes pièces.

N'a-t-on pas vu de longs morceaux religieux écoutés re-
ligieusement quand la langue harmonieuse de Maurice
Bouchor donnait la vie à de simples figures découpées,
mettait en saillie des scènes qu'un simple trait dessinait ?

On a souvent dit, d'une manière générale, que les
choses ont l'intérêt qu'on y met ; on peut le dire aussi
du théâtre d'ombres ; naturel et naïf dans son origine, simple dans sa complexion, qui peut s'enrichir et s'orner
(déjà on y a introduit la couleur dans une certaine mesure),
mais qui certainement ne tombera jamais dans l'exagéra-
tion de recherche, de préciosité, ou de complication re-
prochée au grand théâtre ; il conservera toujours les deux
caractères principaux que nous avons signalés en lui, c'est-
à-dire l'importance des acteurs qui leur donne une vie

intense, une force réelle et une sorte de domination sur
les auditeurs, en même temps que ces conditions particulières que créent autour de ses œuvres l'obscurité, le si-
lence, lesquels attirent l'un vers l'autre celui qui parle et
celui qui écoute.

Les enfants, les peuples jeunes se mettent tout naturellement dans une telle situation et, de premier abord, comprennent la poésie naturelle et vraie, la gaîté franche et
simple. Nous, qui pour avoir outré nos dons, demandons
du pain naturel après avoir mangé trop de confitures, nous
nous attacherons pour quelque temps au moins, et comme
par une renaissance nouvelle, à ce théâtre simple, portatif,
peu coûteux, où le petit acteur consent à être ce qu'ont
voulu qu'il soit, et le Directeur qui tient ses fils, et l'auteur qui le fait parler, ce qui est souvent tout un. Modeste
et sans prétention, il ne fait jamais intervenir sa personnalité, il ne risque jamais par son cabotinage, si c'est un
homme, par sa coquetterie si c'est une femme, de ruiner
une pièce. Son action sur le public en est plus efficace et
plus sûre. Le théâtre des Ombres vivra ; il est jeune,
d'une jeunesse nouvelle, il peut espérer en l'avenir.

Robert HAUTIEZ

LES OMBRES CHINOISES

Le soleil, en traçant notre ombre sur le sable
A créé ce théâtre, où la réalité
Se mêle avec le rêve, et que l'on sent capable
D'effets ingénieux dans sa simplicité.

On peut y montrer tout : la Terre avec la Lune,
Ou les canards passant sous le pont écroulé,
Cendrillon dans son pied trouvant une fortune;
Un fait d'histoire y peut même être déroulé.

Sous le gourbi bien clos, assis sur le derrière,
Les Bédouins goûtent fort les charmes attrayants
De ce tableau parlant, enfant de la lumière;

Mais il faut des rêveurs, mais il faut des croyants,
Pour qui l'esprit suppléo à sa simple manière,
Et dans le Sahara cueille des diamants.

XXX.

CHAPITRE I

Histoire des Ombres : Les Ombres en Orient les Ombres en France, Séraphin, Caran d'Ache, Alber, Bombled, Rivière, Villette, etc. Théâtres d'Amateurs

Nous ne voulons pas, dans cet ouvrage absolument pratique, faire une histoire détaillée des ombres, mais les personnes qui s'intéressent à cette distraction, seront cependant contentes d'avoir, en quelques mots, des renseignements précis sur l'origine des ombres dites chinoises. Après ces quelques mots d'explication, nous passerons à la description du théâtre d'ombres et de ses personnages.

Les ombres, dites chinoises, font les délices des Orientaux. Ce sont eux, du reste, qui les ont inventées. En effet, elles ne furent importées en Europe qu'au xviii° siècle, en Allemagne d'abord, sous le nom de *Schattenspiel*, et en France ensuite.

Les Chinois, dont les ombres ont gardé le nom, se

2

passionnent littéralement pour ce genre de spectacle.
Il en est de même au Japon et dans l'Inde. On fait
jouer par les ombres comme par les marionnettes des
pièces, sorte de drames appelés *Wayangs*, qui ob-
tiennent près de leurs naïfs spectateurs un franc succès. Ces théâtres, dans l'Inde, ont toute une organisation : il y a les montreurs qui font mouvoir les
personnages, découpés dans du cuir et montés sur des
supports en corne; le déclamateur ou *Dâlang* qui
fait le récit. Le théâtre lui-même est assez grand, car
la scène a environ quatre mètres de long sur deux de
haut.

Tous les Orientaux, jeunes ou vieux, affectionnent
les ombres; notre belle colonie, l'Algérie, n'échappe
pas à cette règle, et peu de temps après la conquête,
un témoin oculaire a donné une description de ce
genre d'amusement à Alger; le tableau n'a pas changé
depuis et la description est toujours exacte. Ce spectacle, le seul d'Alger, se faisait à l'Hôtel de la *Tour-
du-Pin*, qui était place du Gouvernement. Tous les
spectateurs, petits et grands, accouraient à ce divertissement avec grand plaisir.

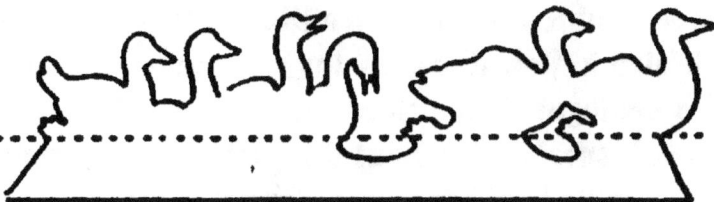

Fig. 3   Fig. 4

La scène était établie au fond d'un sous-sol, éclairée
par quelques chandelles, et le public était assis par
terre. Au moment de commencer, on éteignait les

chandelles et la représentation avait lieu. Les ombres qui se mouvaient sur un châssis d'environ 1m30 représentaient les contes des *Mille et une Nuits* : les Sept dormeurs, les Aventures d'un vrai Musulman bernant les roumis et les Juifs, un Combat naval des Algériens contre les Espagnols. On voyait différentes scènes où Caragheuse, le bouffon oriental jouait son rôle ordinaire de débauché querelleur, puis le spectacle finissait par l'inscription en transparence sur la toile : « Dieu seul est Dieu et Mahomet est son prophète. »

Le premier théâtre d'Ombres en France fut créé et ouvert par Séraphin oncle, en 1772, à Versailles. A cette époque existait un théâtre enfantin dirigé par un nommé Audinot, qui avait pris une devise latine formant jeu de mots : *Sicut*

Fig. 5

infantes audi nos. Ce théâtre, installé au boulevard du Temple, avait un grand succès et c'est ce qui donna l'idée à Séraphin d'établir ses ombres en public. Déjà, depuis longtemps, il jouait ses propres pièces en famille et les ombres lui étaient familières. Il ouvrit d'abord son théâtre à Versailles, en 1772, comme nous le disions. Le prologue d'ouverture fut écrit par Collé et eut un grand succès. Au bout de quelques représentations, les « petits bonshommes noirs » avaient un succès fou. Pendant quatre ans, Séraphin fit courir tout Paris à Versailles et en 1784, il vint installer son théâtre dans la Galerie de Pierre au Palais-Royal (depuis Galerie de Valois). Ce théâtre, ouvert le 10 septembre 1784, resta là en plein succès pendant 75 ans. Ce succès s'explique non seulement par l'intérêt que peuvent présenter les ombres, mais encore par le patronage effectif donné au nouveau spectacle par l'abbé de l'Epée, le prince de Condé, André Chénier, Haüy, Lavoisier, Buffon, La Guimard.

Les pièces du théâtre Séraphin, faites au début par le créateur, furent ensuite écrites par différents auteurs. Séraphin représentait aussi quelques pièces de Lesage de Marmontel qui n'avaient pas été écrites spécialement pour les ombres.

Peu à peu, son répertoire s'augmenta; son spectacle était intitulé : *Ombres chinoises et feux arabesques,* comme nous le verrons plus loin. Qui de nous ne connaît pas, 'de réputa-

Fig. 6

tion tout au moins, le fameux *Pont cassé* :

Les canards l'ont bien passé...

Cette pièce (que certains attribuent à Dorvigny), a été faite par un auteur des petits théâtres d'alors, nommé Guillemain.

Ces pièces lui étaient payées 12 francs chaque. Auteurs modernes, où êtes-vous? pour voir ce chiffre de 12 francs. Le répertoire de Guillemain, pour les ombres de Séraphin, compte vingt-cinq pièces. Il y avait

donc une certaine variété ; en outre, un autre auteur a travaillé pour le même théâtre. C'est J.-P. Lamiral, poète à ses heures et, d'ordinaire, sonneur de cloches à Saint-Etienne-du-Mont. J.-P. Lamiral, né en 1799, mort en 1820, a donné pour Séraphin les pièces suivantes : La *Petite Glaneuse*, la *Boule d'Or*, le *Lion de Salerne*, les *Ecoliers en Vacances*, les *Petits Maraudeurs*, l'*Ane au Salon*, les *Petites Pensionnaires*, etc.

Séraphin avait compris la réclame avant le XIXᵉ siè-

cle et, si Comte inventa bien des réclames nouvelles, il ne faut pas oublier celles employées par Séraphin.

Il eut l'idée de distribuer des prospectus à la porte.

Ces prospectus étaient rédigés comme suit, en vers, s'il vous plaît :

St ! St ! en passant lisez-moi.
Je vous offre encore une affiche
Et voici d'abord le pourquoi :
C'est pour empêcher qu'on vous triche.

Les affiches apposées étaient tout aussi curieuses ; en voici deux spécimens. :

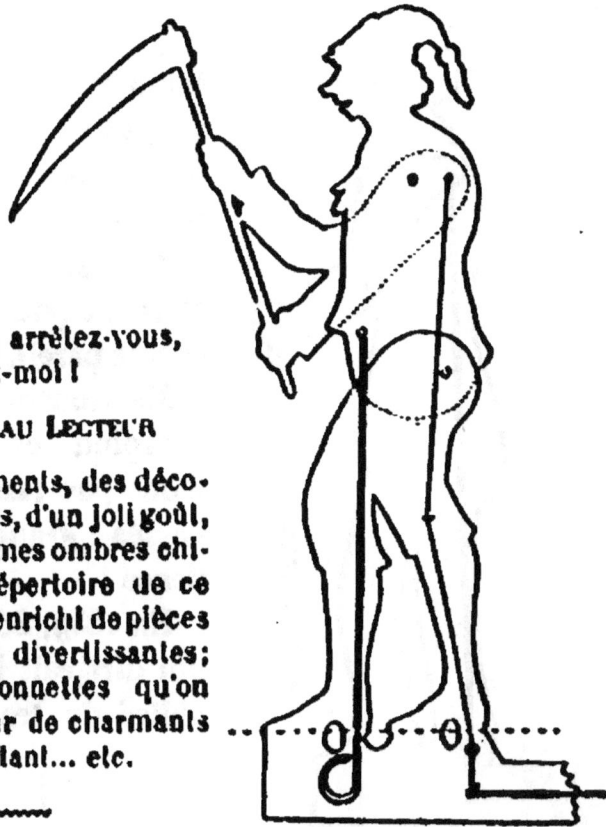

Un moment, arrêtez-vous,
lisez-moi !

SÉRAPHIN AU LECTEUR

Des changements, des déco-
rations fraîches, d'un joli goût,
embellissent mes ombres chinoises ; le répertoire de ce
spectacle est enrichi de pièces
nouvelles très divertissantes ;
j'ai des marionnettes qu'on
prendrait pour de charmants
petits enfants tant... etc.

Fig. 8

Par permission du Roi et de M. le Lieutenant-Général de
police.

Palais-Royal, n° 127.

Ombres.

*Ombres chinoises et feux arabesques d'un nouveau
genre.*

Spectacle que Leurs Majestés et toute la famille royale
ont honoré différentes fois de leur présence et à leur satis-
faction.

Le sieur Séraphin, breveté du Roi, aura l'honneur de vous
donner tous les dimanches........

24 sols aux premières, 12 aux secondes.

Ce divertissement est fort honnête et MM. les ecclésias-
tiques peuvent se le procurer.

Fig. 9

Le crieur à la porte, car il y avait un crieur, avait toute latitude pour enjoliver ses annonces et ne s'en faisait pas faute. C'était alors une célébrité parisienne et il faut arriver au Père La Réclame pour retrouver un succès pareil.

Mais tout passe, tout lasse. Séraphin et son théâtre n'ont pas lassé, mais sont passés : grandeur et décadence !

En 1859, Séraphin neveu qui dirigeait le théâtre, fut obligé de transporter son établissement au passage Jouffroy. Peu à peu, les ombres furent délaissées, et lorsque M⁰⁰ Roger-Séraphin fut obligée de céder le théâtre, les ombres firent place aux marionnettes qui amusèrent les enfants sous le nom de Théâtre-Miniature.

Peut-être plus tard parlerons-nous, dans un ouvrage spécial, de ces marionnettes, de celles d'Holden, et des guignols lyon-

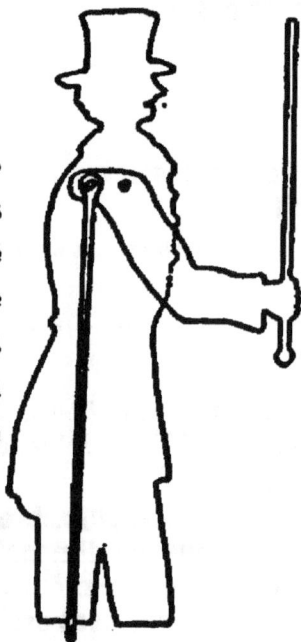

Fig. 10

Fig. 11

naïs ou autres. Cela, aujourd'hui, nous entraînerait trop loin et sortirait complètement de notre sujet.

Après avoir parlé des anciennes ombres chinoises, et cela, en grande partie, d'après les renseignements de notre excellent ami M. G. Daix, nous n'avons plus qu'à dire quelques mots des ombres telles qu'on les comprend aujourd'hui.

Les ombres de Séraphin consistaient surtout en personnages isolés, qu'on s'était cru obligé de représenter absolument de profil. Cela ne permettait pas grande variété et limitait l'imagination de l'artiste. Il était difficile de faire du nouveau dans ce genre après les 100 années d'existence de Séraphin; aussi pendant quelque temps ne fut-il plus question des ombres. Cependant les ombres sommeillaient seulement, elles n'étaient

Fig. 12

pas mortes. De temps en temps les ateliers de peintres essayaient de les galvaniser et tiraient leurs fils de fer rouillés. Un jour, un dessinateur de talent, Caran d'Ache, eut l'idée de dessiner, et de découper

en ombres non plus des personnages, mais des groupes entiers
des ensembles, des foules. Le
résultat fut extraordinaire, le
succès stupéfiant. Aussitôt des
représentations de ces ombres
furent données au cabaret du
Chat-Noir qui commençait seulement sa renommée et qui doit
une grande partie de sa vogue
actuelle à ces ombres. Les ombres
de Caran d'Ache, qui étaient
composées surtout de sujets

Fig. 13

militaires, furent ensuite représentées au Théâtre
d'Application et c'est la que l'Epopée, c'est-à-dire la

série des sujets mili-
taires relatifs à Napo-
léon I**, eut le succès
que l'on sait. Sans
insister sur ce point,
disons qu'à la même
époque nous présen-
tions dans les salons
des sujets du même
genre, le bataillon
carré, la batterie au-
trichienne, la 32° demi-

Fig. 14

brigade qui eurent et qui ont encore du succès, car
nous en avons livré beaucoup et il nous en est
toujours demandé. Nous croyons donc pour notre
part avoir contribué en une certaine mesure au renou-
veau des ombres. C'est ce qui explique jusqu'à un cer-

Fig. 15

tain point le mauvais goût que nous avons eu de nous signaler nous-même en tête de ce chapitre.

Lorsque Caran d'Ache, après avoir ouvert la voie eut déserté la scène du *Chat-Noir*, d'autres artistes virent tout le parti que l'on pourrait tirer de ce genre de spectacle et se mirent à composer des sujets spéciaux. Rappelons Henri Rivère avec sa tentation

Fig. 16

de St-Antoine, Henri Somm, Villette. Les titres des principales ombres sont connus et la Marche à l'Étoile, le Rêve de Joël, le Sphinx, sont parmi celles qui ont laissé la trace la plus sensible. Une mention aussi aux ombres de Bellanger illustrant la Fiancée du timballer, des chansons modernes et mettant en scène une légende gauloise, admirablement conçue et exécutée.

Fig. 17

A côté de ces productions livrées au public, bien des amateurs ont cultivé les ombres et ont produit des œuvres intéressantes.

Quelques-uns, après avoir eu recours à nous pour leurs débuts et pour l'établissement de leur premier matériel, sont arrivés par eux-mêmes à un résultat véritablement extraordinaire, d'autres après des tâtonnements et des recherches sont parvenus à réaliser à peu près le summum du genre. Parmi ceux-ci nous citerons M. Peragallo qui a établi un théâtre d'ombres absolument remarquable, dans lequel il représente

Fig. 18

des pièces de sa composition qui, à coup sûr, n'ont rien à envier à celles que nous venons de citer. Il

Fig. 19
LE DRAPEAU

donne entre autres à ses invités Thaïs et La Sulamite, deux pièces absolument réussies comme composition et agencement des dessins, du texte et de la musique. Nous avons plaisir à citer aussi M. Passement qui, grâce à ses connaissances spéciales en mécanique, aidées d'une grande ingéniosité, a construit pour son théâtre personnel des personnages mécanisés, absolument extraordi-

naires et dont nous aurons à reparler longuement,
car à côté de notre expérience personnelle. nous
avons été heureux d'emprunter bien des idées à
ces deux amateurs qui ne le cèdent en rien aux
professionnels. Nous les en remercions ici et nous
sommes heureux de citer leur exemple à tous ceux

Fig. 20
UNE COMPAGNIE

qui craindraient de ne pouvoir réussir des ombres sa-
tisfaisantes.

Telle est, en peu de mots, la marche des ombres
chinoises, spectacle enfantin, jadis joie de notre enfance,
devenu un véritable régal artistique.

Nous pouvons aborder maintenant la construction

du théâtre d'ombres et l'explication des moyens employés. Puissions-nous être utile à quelques personnes,
leur donner le goût de ce spectacle artistique, et leur
enseigner les moyens de goûter comme nous l'avons
fait, quelques instants de joie véritable en réalisant
elles-mêmes les merveilles et les splendeurs qui, sans
ce théâtre extraordinaire dans sa simplicité, resteraient
dans leur imagination et ne pourraient prendre corps,
ni devenir tangibles pour les spectateurs.

CHAPITRE II

Le Théâtre d'Ombres. — Construction. — Eclairage

Des détails incomplets sur les procédés employés par les metteurs en scène originaux ont été publiés dans des diverses revues; ils sont tout spéciaux, adaptés à une installation fixe, et hors des moyens dont dispose l'amateur. Il est cependant facile à toute personne connaissant la photographie et ayant l'habitude des petits travaux manuels de l'amateur, de reproduire ces mêmes effets d'une façon assez parfaite pour en donner une imitation pouvant être comparée à l'original sans trop de désavantage.

Beaucoup de personnes l'ont tenté, mais j'ai remarqué que presque toutes avaient été chercher très loin des solutions à la fois très compliquées et tout à fait inférieures comme effet rendu. Mises en présence des résultats obtenus par plusieurs amateurs sur mes indications d'une manière simple, j'ai pensé à mettre le public au courant de cette manière.

Ce n'est pas qu'elle ait rien de mystérieux, mais comme les choses les plus simples ne viennent pas toujours à l'idée immédiatement, j'ai moi-même commencé par des procédés un peu plus compliqués que j'ai été amené à simplifier par la suite. C'est le résultat de ce petit travail que je donne ici; je serai obligé de restreindre les détails pour ne pas sortir du cadre de l'ouvrage, mais je n'oublierai rien du nécessaire et donnerai avec plaisir toutes les explications ultérieures qui pourraient m'être demandées par mes lecteurs qui ne voudraient pas se procurer le matériel tout fait, mais le construire eux-mêmes.

En principe, le théâtre des ombres n'est autre chose qu'un cadre revêtu de papier transparent, derrière lequel on présente les découpures. Ces découpures projettent leur ombre sur le transparent, et le spectateur, placé de l'autre côté, peut se figurer que les objets ou les personnages dont il voit les ombres se mouvoir existent réellement. L'imagination est donc là un complément obligé de la vue. Si le « montreur » d'ombres aide à l'illusion par quelques bruits appropriés, l'imagination du spectateur croira encore mieux voir les objets ou les personnages dont l'œil lui révèle l'ombre. L'illusion sera complète.

Le cadre nécessaire, en principe, a besoin de différents accessoires que nous allons décrire, et quelques détails sont indispensables sur l'organisation du théâtre d'ombres qui doit être construit d'une façon à la fois solide, commode et transportable.

On lui donne généralement la forme d'un paravent à trois feuilles, la feuille centrale recevant la toile, les deux feuilles latérales doivent se déplier *en avant*, c'est-à-dire du côté des spectateurs, de manière à laisser complètement libre l'arrière du théâtre.

On peut aussi le composer d'un bâti mobile que l'on

fixe au moment du besoin derrière une porte. Cette seconde solution est plus simple, mais encore faut-il être sûr de trouver des appartements qui se prêtent à son emploi, et l'on éprouve des difficultés dans l'entrée et la sortie des pièces.

Une troisième solution consiste à fixer la feuille centrale du paravent, au moyen de quatre cordons, comme la barre fixe des gymnastes, en supprimant les deux feuilles de côté et en les remplaçant par deux rideaux, tenus sur les deux cordons d'avant.

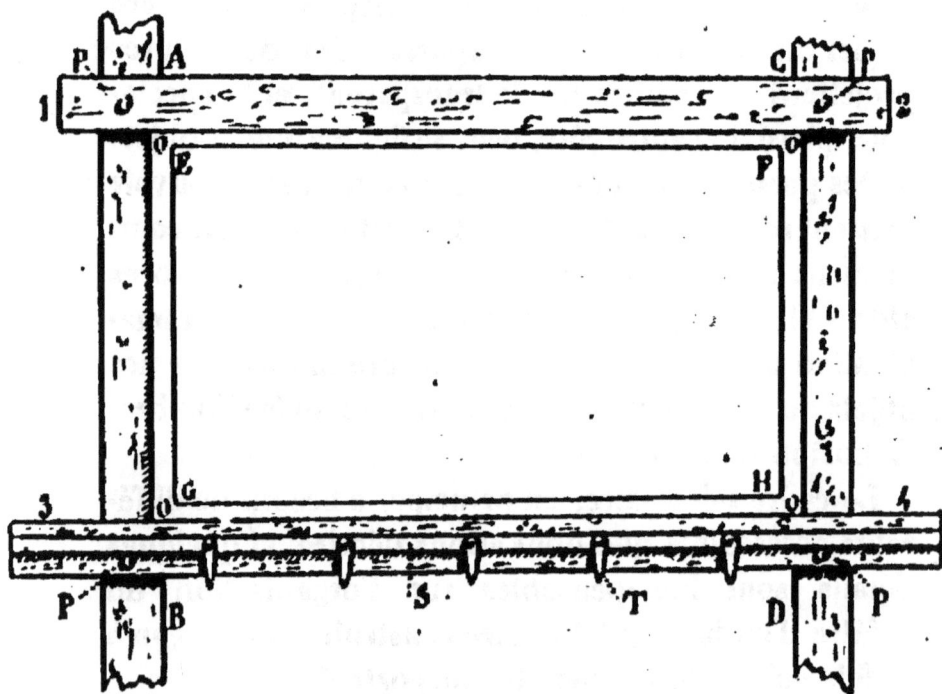

Fig. 21

C'est le moyen que j'emploie. Il me permet d'installer le théâtre n'importe où et d'employer un théâtre léger, portatif et absolument rigide. Voici comment on peut disposer le cadre (fig. 21). Soit deux montants

3

A B, et C D réunis par deux traverses 1, 2 et 3, 4. Ces montants et les traverses se fixent au moyen d'écrous P P P P. Entre les traverses on adapte un cadre O O O O qui vient affleurer le niveau desdites traverses. Sur la traverse 3, 4, je fixe une barre S sur laquelle viendront s'appuyer les pièces d'ombres. Cette barre supporte quelques tourniquets T en cuivre permettant le glissement des ombres lorsqu'ils sont baissés et pouvant immobiliser ces ombres quand ils sont relevés.

La distance entre S à sa partie supérieure et G H peut être de 2 centimètres, ce qui donnera moins de poids aux pièces, mais elle peut être aussi de 5 centimètres, plutôt plus que moins. Cette hauteur de 2 ou de 5, sera la hauteur qu'aura la queue des pièces d'ombre (fig. 42), il faut la place pour les doigts de l'opérateur et pour les bouts de levier ou fils de commande des pièces mécanisées. Une augmentation de ces hauteurs aurait l'inconvénient d'alourdir un peu les pièces d'ombre.

Une donnée capitale du théâtre d'ombres est la surface de la scène. Cette surface E F G H est un rectangle dont il faut dès le début fixer les dimensions.

Ces dimensions sont en rapport avec celles des tableaux à reproduire. Ces tableaux sont de proportions légèrement variables; le rapport entre la hauteur et la largeur varie entre 2/3 et 3/4; l'une est plus oblong, l'autre plus carré : c'est affaire de goût. Dans tout ce qui va suivre, nous admettrons que le rapport sera 3/4 (il y a un petit intérêt pratique à diminuer la largeur de la scène).

Les dimensions de notre scène seront donc des multiples de 3/4 et parmi ceux que l'on peut adopter nous signalerons, par exemple, 1° 30/40 — 2° 45/60 — 3° 50/65 — 4° 60/80 — 5° 90/120.

Les raisons qui dicteront notre choix seront les suivantes :

A. Plus la scène est petite, plus facile est l'éclairage (qui doit être brillant pour faire de l'effet), moins volumineux est le matériel de zinc, mais par contre plus délicat est le découpage du zinc et plus restreint doit être le lieu de la séance.

B. Plus la scène est grande, plus encombrant devient le matériel, plus puissant doit être l'éclairage, mais par contre plus facile est le découpage et plus nombreux l'auditoire permis.

C. En outre, plus la dimension de la scène augmente plus son champ s'étend, car pour une hauteur donnée de personnages de premier plan, l'horizon s'élargit avec les dimensions du cadre.

D'après ces considérations nous pourrons dire que la scène n° 1 (30/40) ne convient qu'aux petites installations; les n°° 2 et 3 (45/60 et 50/65) conviennent à l'amateur qui veut utiliser des appareils de projection éclairés au pétrole et opérer dans un salon assez grand; les n°° 4 et 5 (60/80 et 90/120) nécessitent un éclairage intensif (1), surtout la dernière et, s'ils permettent d'opérer avec toutes ses aises, ils entraînent un maté-

(1) Ces dimensions paraîtront petites eu égard aux surfaces éclairées données par les fabricants pour leurs lanternes, mais il faut tenir compte que l'éclairage a lieu par transparence, ce qui entraîne une perte notable et qu'il doit être très brillant pour que les résultats soient très satisfaisants.

riel plus coûteux et plus encombrant; au-dessus de
ces dimensions nous sortons du domaine de l'amateur.

Certains théâtres d'ombres à demeure ont 130/112
et même plus. Le nôtre et ceux que nous fabriquons
ont 110/70. Nous avons diminué la hauteur afin d'a-
voir un fronton plus bas et donner ainsi moins de
flexibilité aux montants A B C D. Le bois à employer
pour les montants et les traverses aura 2 centimètres
d'épaisseur et 10 centimètres de largeur. C'est une
dimension commerciale, en faisant scier en long les
planches que l'on trouve partout.

La hauteur à laquelle le bas de la traverse 3, 4 doit
être placé au-dessus du sol, dépend de la dimension
de la scène, en tous cas la scène doit être assez haute
pour se trouver au-dessus de la tête des spectateurs
assis et pour que l'on puisse placer sans inconvénient
un piano au-dessous. Pour les n° 1 et 2 on pourra
admettre de 1m40 à 1m50; mais pour les numéros au-
dessus il vaudra mieux élever le bas du tableau à environ 1m75 ou 1m80. Les opérateurs pourront alors cir-
culer derrière à leur aise sans être exposés à projeter
leur tête sur l'écran et à ajouter au tableau en vue un
premier plan non prévu au livret et donnant toujours
lieu à des exclamations ou des rires qu'il est préférable
d'éviter.

- Si l'on veut faire un matériel véritablement portatif
on adoptera une hauteur de 130, le piano sera placé
en côté et l'opérateur principal opérera assis, ses aides
étant de côté. Cette dimension exige plus de soins dans
l'opération, mais permet un matériel moins lourd, ce
qui est le but vers lequel nous tendons toujours.

L'écran sera constitué par une toile à calquer, tissu

Fig. 22

PROJET DE DÉCORATION D'UN THÉATRE D'OMBRES

qui présente toute la transparence nécessaire. Le verre
dépoli n'a pas d'avantages sérieux et possède par
contre les inconvénients d'être coûteux, lourd et fragile ; il n'a quelque utilité que dans le cas des sujets
militaires plus ou moins pyrotechniques. J'ai vu, un
soir, chez un amateur maladroit, le feu d'un bataillon
enflammer la toile à la grande frayeur des spectatrices,
surtout de la maîtresse de la maison qui avait drapé le
théâtre avec des étoffes précieuses.

Nous n'avons parlé jusqu'ici que du côté du théâtre
réservé aux opérateurs. Le côté des spectateurs pourra
être plus ou moins décoré suivant le goût du constructeur. A notre avis comme ce côté est dans l'obscurité
pendant toute la représentation on peut le laisser très
simple.

Un de nos amis a orné la façade de son théâtre dans
le style indien avec des soieries, des armes. Une autre
personne à qui nous avons fourni un théâtre, l'a drapé
en peluche vert-d'eau et satin vieux rose ; une troisième
l'a orné de moulures, de baguettes et d'estampes en
cuivre doré sur fond laqué ou verni rouge.

Disons que deux de ces personnes ont chez elles
l'éclairage électrique et qu'elles n'ont fait des façades
ornées que pour éclairer le côté des spectateurs à
chaque entr'acte ou interruption, car en principe, la
façade étant toujours dans l'obscurité n'a guère besoin
d'une décoration luxueuse.

Nous donnons (fig. 22) un projet de décoration
extérieure d'un théâtre d'ombres facilement réalisable
avec quelques étoffes japonaises, des bois découpés et
quelques accessoires peu coûteux, masques, écrans
japonais, etc.

Nous le répétons, c'est une question de goût. Le côté des spectateurs doit être muni d'un rideau. Là encore, on peut choisir un rideau roulant comme un store ordinaire ou un store à ressort, ou bien un rideau glissant de droite à gauche et de gauche à droite sur une tringle. Ce système moins élégant que le précédent est plus facile à agencer et c'est celui que nous préférons pour un théâtre qui n'est pas à demeure. Que l'on adopte l'un ou l'autre système, il faudra amener derrière (c'est-à-dire du côté des opérateurs), au moyen de poulies de rappel, ou de simples pitons à anneaux, les cordons servant au tirage.

Pour terminer ce qui est relatif au théâtre, ajoutons qu'à la partie arrière, on peut fixer une tablette à hauteur d'appui pour recevoir les pièces d'ombre à employer ou placer deux petites tables, l'une à droite, l'autre à gauche, pour prendre les pièces sur l'une et les déposer sur l'autre.

L'ÉCLAIRAGE

L'éclairage du théâtre d'ombres sera obtenu au moyen d'une ou deux lanternes à projection. Avec une seule lanterne on a les avantages de l'économie et de la simplicité, mais on est privé de la possibilité de produire certains effets très jolis de transformation. Avec deux lanternes, au contraire, on peut aborder toutes les difficultés de mise en scène. Pour les installations moyennes, on emploiera deux appareils accouplés et pour les grandes, deux appareils superposés qui donnent de plus grandes facilités et permettent notamment de substituer les uns aux autres les grands tableaux mécanisés.

Néanmoins une seule lanterne suffit dans la plupart des cas ; les jeux compliqués de lumière et de trans-formation ne produisent pas toujours sur les specta-teurs un effet en rapport avec la difficulté que l'on a eu à les obtenir.

Fig. 23

Un bon modèle de lanterne que nous pouvons recommander est celui qui est représenté fig. 23. Il est solide, bien d'aplomb et convient parfaitement pour les théâtres d'ombres et peut s'employer seul ou accouplé.

On obtiendra un bon résultat si cet appareil ou l'appareil double est monté sur un pied d'atelier à cré-

maillère qui permettra de régler facilement leur emploi.
Ce pied peut servir en outre pour la photographie des
fonds de tableaux.

Fig. 21

Si l'on ne possède pas de pied d'atelier, on repèrera,
une fois pour toutes, la hauteur à laquelle doit se
trouver l'appareil, et cette hauteur une fois trouvée, sera
conservée au moyen d'une caisse placée sur une table.
Il sera nécessaire aussi d'avoir la mesure du recul à
donner. On trouvera la hauteur et le recul de la manière
suivante : Une fois le disque lumineux bien centré
(voir à ce sujet notre Grand Manuel de projection), on
reculera ou avancera l'appareil jusqu'à ce que E F
G H soient inscrits dans la circonférence projetée. Puis
plaçant dans l'appareil un carton percé d'une ouver-

ture de 7 1/2 carré, on fera coïncider le haut de l'ouverture projetée avec le bas G H, mais de façon que la lumière dépasse de 1 ou 2 centimètres à droite et à gauche. Quand on aura ce résultat, il faudra le noter avec soin pour éviter toutes nouvelles recherches à l'avenir.

Quelques amateurs ne voudront peut-être pas représenter des pièces compliquées et voudront, ainsi que nous l'avons vu faire souvent, présenter seulement quelques petites scènes où l'ombre n'est qu'un prétexte à un récit ou à un dialogue. Dans ce cas, il ne sera pas besoin d'éclairer avec une lanterne de projection. Une forte lampe, placée sur une table à hauteur des personnages, et juste au milieu du cadre, la table étant assez éloignée pour laisser la place nécessaire aux opérateurs, sera suffisante.

Il est bien entendu que ce moyen ne permet aucun effet et ramène aux ombres chinoises primitives, avec cette seule différence, qu'on peut présenter, au lieu de personnages isolés, des groupes, des foules, des ensembles, comme dans un théâtre éclairé à la lanterne de projection, mais sans coloris ni décors.

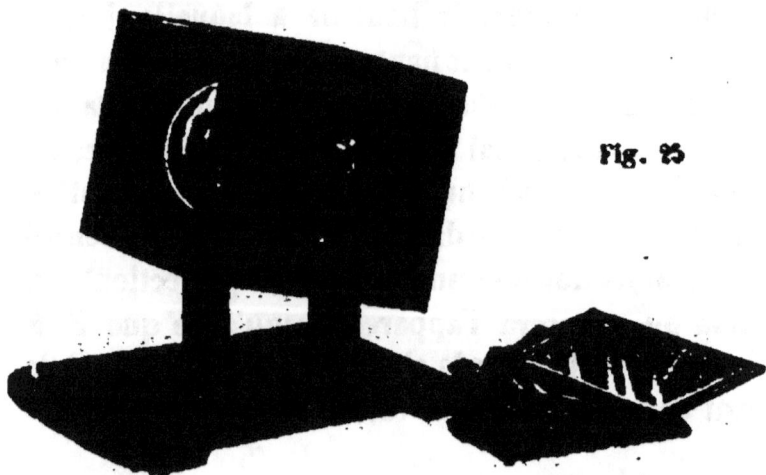

Fig. 25

On a les mêmes inconvénients en employant une boîte à lumière. Cependant, dans certains cas, on s'en sert lorsque par suite de circonstances particulières, le foyer lumineux doit être très éloigné. Avec la boîte à lumière, on obtient des colorations variées, mais entières de l'écran. Nous ne signalons ce système que pour mémoire (fig. 25).

CHAPITRE III

Les pièces du théâtre d'ombres. — Choix des sujets.

Avant d'entrer plus avant dans notre sujet et pour l'intelligence de ce qui va suivre, il est nécessaire de dire quelques mots des pièces, ou scènes que nous pourrons représenter sur le théâtre que nous venons de construire, et de quelle manière nous ferons la mise en scène de ces pièces.

Disons d'abord que nous présenterons à notre public des découpures, qui sont de véritables ombres et des projections accessoires qui formeront le décor, ou simuleront des ombres dans certains cas. Il sera possible de tourner aussi certaines difficultés et de réaliser des effets qui semblaient à première vue impossibles à obtenir.

Nous n'avons pas à nous occuper ni du choix du sujet, sérieux ou gai, en vers ou en prose, avec ou sans beaucoup de musique. Chacun agit à sa fantaisie, et nous ne voulons, sur ce point, donner aucun conseil, sinon celui-ci, que plus un sujet sera simple, et plus il fera d'effet ; c'est pour cela que les légendes, les sujets bibliques se prêtent admirablement à être illustrés par les ombres, aidées des projections, pour les fonds.

Fig. 26

Il est aussi nécessaire d'avoir quelques sujets très comiques. En voici un exemple : La scène, absolument vide, ne présente sur l'écran blanc qu'un palmier et qu'un cactus. On annonce : Le désert. Puis on fait passer un éclaireur (fig. 26), ensuite arrive le chamelier (fig. 27) que l'on relie au chameau par une petite corde, proportionnée comme grosseur, mais de plusieurs mètres de long, et que le public voit filer à perte de vue. Pour que la corde semble bien se dérouler, elle doit être nouée tous les 30 centimètres environ. Enfin après quelques instants, arrive le chameau (fig. 28).

Voici le texte qui peut accompagner cette vue :
« Ici nous sommes au désert. La plaine s'étend au loin
» avec un palmier comme décor, pour jeter une note
» gale sur la tristesse infinie des choses sans horizon, et

Fig. 27   Fig. 28

» aussi pour indiquer que nous sommes près d'une
» oasis. A l'arbre, nous avons joint un cactus à l'aspect
» rébarbatif. Nous aurions pu planter indifféremment
» notre végétation du côté *cour*, mais dans notre
» sagacité de metteur en scène expert aux choses du
» théâtre (ne nous écorchons pas aux piquants du
» cactus), nous l'avons mise du côté *jardin*, naturel-
» lement. C'est donc le désert et toute sa désolation.
» Mais quelque chose bouge à distance ; c'est une
» caravane qui se dirige vers l'oasis. En voici l'avant-

» garde : l'éclaireur, puis un petit maigre qui repré-
» sente le gros de la troupe (filage de la corde), le
» filage de cette longue corde usée et raccommodée au
» moyen de nœuds sans nombre, nous donne bien
» l'impression de la morne solitude, tout autant que
» la fameuse tenue de violons dans la symphonie de
» Félicien David ».

Cette petite scène a toujours énormément d'effet près
du public. L'idée primitive vient, croyons-nous, du
Chat-Noir, et c'est sur cette idée que nous avons dessiné les trois personnages. Nous ne saurions trop
insister sur ce point que le texte, l'application parlée,
le boniment en un mot, qui accompagne une scène
d'ombres à une énorme im-
portance. Quelques ama-
teurs l'ont bien compris et
sont arrivés à des résultats
fort intéressants. Nous citerons parmi ceux-là M. Ch.
Marie qui, en donnant une
tournure littéraire à ses
explications, a su leur conserver le brio et l'entrain
nécessaire.

Les chansons font aussi
beaucoup d'effet. Nous donnons au complet la chan-
son de Malborough, illus-
trée (fig. 30 à 37), ainsi que
le décor nécessaire (fig 29).
On peut faire lever le pont-
levis et le faire baisser.

Fig. 29

Pour cela, ce pont-levis, qui n'est pas visible sur notre dessin, sera simplement formé d'une plaque de la largeur de la porte, articulée au coin de la porte du côté du cadre et au-dessous du niveau du sol. Les chaînes seront formées de véritables petites chaînes en cuivre comme on en trouve aux montres d'enfants qui se vendent 10 ou 25 centimes. On remarque que Malborough peut se courber. Il faudra donc faire le décor d'une hauteur telle que la herse effleure la tête de tous les autres personnages, mais que Malborough soit trop grand pour passer sans se baisser.

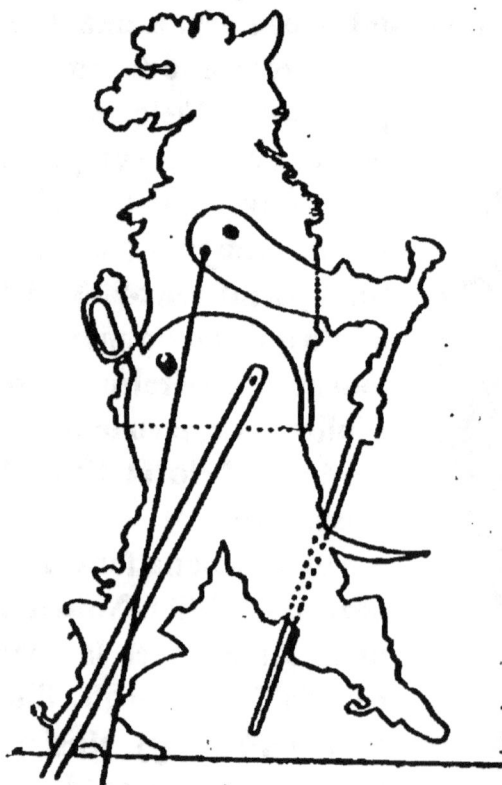

Fig. 30

Les sujets militaires plaisent également beaucoup. On en trouvera un certain nombre dans ce volume : le bataillon carré (fig. 47), une pièce d'artillerie (fig. 45), le régiment qui passe (fig. 11 à 20).

Nous admettrons qu'il s'agit simplement de mettre en scène une pièce dont tous les tableaux ont pu être rassemblés et dont l'amateur a ainsi les éléments sous les yeux. Il a choisi ou dessiné ses sujets et il n'y a plus qu'à les approprier comme grandeur, puis à les exécuter pour s'en servir dans le théâtre. Dans ces conditions, le problème est généralement assez facile à résoudre pourvu que l'on se rende bien compte de la différence qui existe entre l'œuvre telle qu'elle doit être représentée, et l'image ou le dessin dont on veut la tirer. De cette dernière, certaines choses devront être, sinon changées, du moins autrement rendues. Certains contours seront précisés, certaines teintes d'ombre seront atténuées. Les contacts nécessaires des pièces d'ombre entre elles ou avec le sol devront être trouvés. On devra y réfléchir et, en partant de ce principe que les moyens d'exécution doivent toujours être

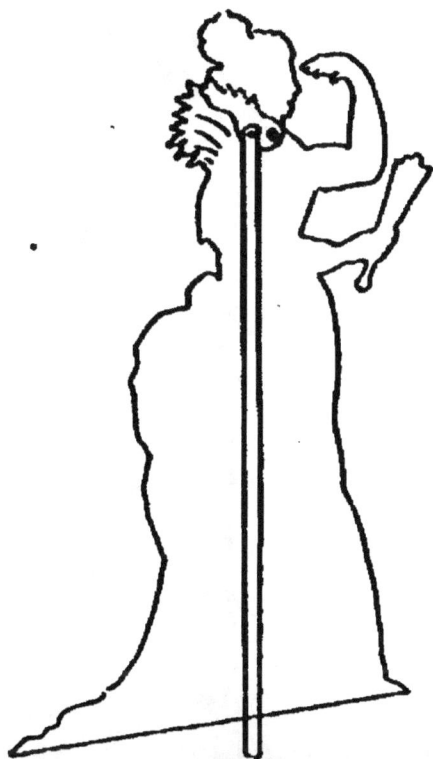

Fig. 31

simples, on arrivera à simplifier certaines données de la représentation graphique et à trouver facilement les procédés à employer pour les mettre en scène.

Je prends comme exemple une chasse ou un défilé quelconque représenté au lointain d'une gravure. Il faudra que ces pièces d'ombre, au lieu de passer au milieu de la scène comme le représentent les images, passent au ras de terre. C'est une solution. Une autre, plus élégante, consiste à conserver la perspective et à monter en l'air les pièces d'ombre en les faisant sou-

tenir par un personnage (voir les figures 12, 14, 15 et
20 du régiment qui passe), agrandi de telle façon que
la ligne de ses yeux restant à la même hauteur, ses
pieds touchent le sol. Il deviendra alors un personnage
de premier plan qui don-
nera en outre de la suite à
l'ensemble. Toute la pièce
d'ombre ne reposera sur le
sol que par un point, mais
en rendant la pièce rigide,
c'est amplement suffisant,
comme nous le verrons plus
loin.

On pourra prendre des
solutions analogues pour
toutes les pièces d'ombre.
En somme, il est nécessaire
que toute pièce ait un point
de repos sur le sol. Il peut
se présenter un cas où la
pièce soit très légère, comme

Fig. 32

dans un défilé militaire « La Revue aux Tuileries »,
que nous avons créé. Il y avait là une ligne de troupes
au lointain tout à fait immobile. Les compagnies
étaient reliées les unes aux autres par les officiers et
comme les personnages n'avaient guère que 0^{m}10^c de
haut, la bande était absolument en l'air avec ses points
d'appui sur les côtés du cadre et formait un véritable
effet de lointain.

Comme les pièces en zinc découpé donnent en
outre des ombres nettes et noires et non vagues et
bleuâtres, il ne faudrait pas chercher à rendre des
effets de ce genre par des découpures. Beaucoup

d'amateurs ont cherché à rendre exactement des effets
d'estompage au moyen de solutions fort compliquées
et sans y parvenir.

Un autre point à noter, c'est qu'il ne faut pas chercher
trop de complication
dans le décor, à moins
que le texte que l'on
choisira ne l'exige im-
périeusement. Le pu-
blic ne se rend pas
compte de la difficulté
et on augmente ainsi
inutilement son ma-
tériel. Nous aurons,
dans chaque chapitre,
à revenir sur ce sujet
et à rappeler que le
caractère distinctif du

Fig. 33

théâtre d'ombres, c'est la
simplicité. Obtenir des
effets avec les moyens
les plus simples, voilà
le but.

Voilà dans quel sens
pratique il faut étudier
la mise en scène; une
fois cette étude faite, et
les dispositions arrêtées,
le reste ira tout seul.

Fig. 34

En somme, nous distin-
guons dans un tableau :

1° Un fond généralement
teinté avec ou sans pre-
miers plans en ombre. (Ces
derniers existent presque
toujours et donnent beau-
coup de profondeur à la
scène.) (Fig. 72, décor de
la fig. 71.)

2° Des personnages im-
mobiles ou en mouvement,
soit isolés, soit composant
de longs défilés (fig. 38 et

Fig. 35

73.) Commençant par la
fin, nous allons voir comment il convient de rendre
d'abord les pièces d'ombre,
puis les fonds.

Les pièces d'ombre peu-
vent être rendues de deux
façons :

Si elles constituent des
parties immobiles, pre-
miers plans ou lointains,
*et si le tableau ne com-
porte pas d'autres pièces
d'ombre mobiles*, il y a

Fig. 36

avantage à les traiter comme les fonds, et avec eux par la photographie.

On pourrait traiter ces sujets directement en ombres, mais, outre la complication qui en résulterait, on se priverait de certains effets de coloration, virages totaux ou partiels, teintes diverses, etc., auxquels l'épreuve à projection se prêtera admirablement.

Fig. 31

Avec de bonnes plaques positives, on obtiendra des noirs tout à fait intenses et l'effet sera aussi satisfaisant, sinon plus, que si l'on avait découpé le tout.

Dans les tableaux où tout doit être en ombres, fonds et premiers plans, même s'il n'y a pas de personnages en mouvement, on aura cependant avantage à adopter

une solution mixte.
Les tout premiers
plans seront dé-
coupés sur zinc,
les fonds bien que
destinés pour être
également décou-
pés, seront photo-
graphiés et virés
au violet foncé. Le
tableau y gagnera
beaucoup. Il pren-
dra ainsi de la pro-
fondeur et les plans
se détacheront plus
distinctement.

Le travail photo-
graphique étant
plus agréable, plus
souple et plus fa-
milier à l'amateur
que le découpage,
la diminution dans
le matériel du
nombre des zincs
découpés, surtout
des grandes pièces
d'ombre produi-
sant d'inapprécia-
bles facilités de
mise en scène, on
devra employer de

Fig. 38. — LES CHARS ROMAINS

préférence ce moyen toutes les fois que cela sera possible sans nuire au résultat.

Au contraire, les premiers plans accompagnés de personnages ou de groupes en mouvement, ainsi que ces derniers devront être traités par le découpage.

C'est le véritable procédé des ombres. Il ne faut pas le perdre de vue et malgré les facilités que donne la photographie, il ne faut la considérer que comme un accessoire. Nous faisons des ombres et non de la projection.

CHAPITRE IV

Dessin des Fonds, des Personnages, et Découpage de ces derniers

A première vue, pour les personnes qui ne savent pas dessiner ou qui ne dessinent pas suffisamment bien pour composer, il semble impossible de mener à bonne fin la confection de personnages en vue des ombres chinoises. C'est là une erreur ; il est certain que celui qui est à même de réaliser ses idées et ses inspirations sur le papier, aura plus de facilités qu'un autre obligé de recourir aux petits moyens que nous allons indiquer, et qu'il obtiendra de meilleurs résultats ; mais comme tout le monde n'est pas préparé à composer, beaucoup d'amateurs nous seront reconnaissants de les aider à tourner la difficulté.

Un des moyens est tout simplement l'emploi de la méthode du quadrillé. Chacun étant enfant a plus ou moins pratiqué ce genre de dessin mécanique qui ne demande qu'un peu de patience et d'attention. Nous allons en rappeler le principe. Il faut d'abord se pro-

curer les dessins, motifs, personnages qu'on représentera en ombres. Les sujets ne manquent pas et les
journaux illustrés, les chromos, et quantité de publi-
cations illustrées fournissent des documents en abon-
dance.

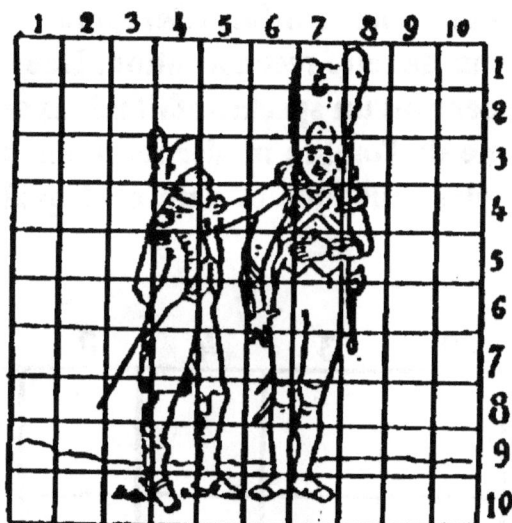

Fig. 39

Le *Pont cassé* étant une pièce historique dans les
Ombres, un des classiques du genre, nous a été demandé par presque tous les amateurs pour qui nous
avons construit des théâtres d'Ombres ; aussi avons-
nous cru devoir reproduire ici tous les personnages
avec leurs mouvements (fig. 2 à 10). On pourra facilement les agrandir par une des méthodes indiquées ci-
dessous.

On remarquera que le piocheur et le gascon sont
en double afin de pouvoir figurer dans deux situations
différentes. C'est un cas qui se présente souvent dans
les ombres. Il faut alors décalquer deux fois son per-

sonnage, afin d'avoir exactement le même, et modifier les mouvements sur l'un des calques. Nous n'avons pas reproduit le pont que l'on trouvera dans la vue d'ensemble (fig. 2). L'inscription de l'enseigne est o - 20 - 100 - o *(au Vin sans eau)*.

Nous pourrons procurer tous les personnages des pièces connues de l'ancien théâtre Séraphin à tous les amateurs curieux de cette reconstitution. Une pièce de ce genre commençant un spectacle fait mieux sentir au public le charme de l'ombre moderne, moins mouvementée, mais plus artistique et d'un effet quelquefois grandiose.

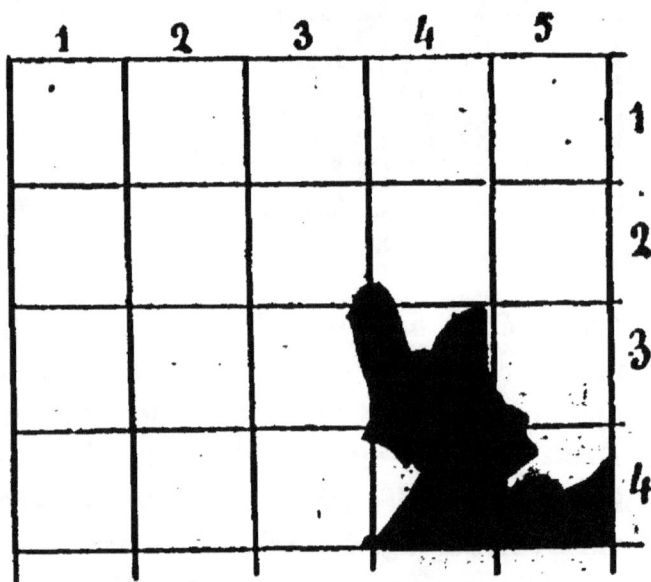

Fig. 40

FRACTION DE L'AGRANDISSEMENT

Quels que soient les dessins choisis et leur grandeur, il faut les ramener à une grandeur unique qui, pour notre théâtre de 110 - 70, sera 30 c. de hauteur

pour les personnages isolés. Nous ne parlons pas
des fonds et décors pour le moment. Ils seront ré-
duits à la grandeur voulue par l'objectif.

Sur une feuille de papier quelconque, nous tracerons un carré de 0ᵐ30 c. de côté que nous diviserons à
nouveau en tirant neuf lignes horizontales et neuf lignes verticales en 100 carrés égaux. Il nous sera
même possible de tracer un plus grand nombre de
lignes et, par conséquent, de faire un plus grand
nombre de carrés plus petits.

Quel que soit le nombre de carrés tracés, nous en
tracerons le même nombre sur le dessin à reproduire
(fig. 40). Puis, soit en numérotant les carrés verticalement et horizontalement, soit en les comptant, nous
reproduirons sur notre papier de 0ᵐ30 c. dans chaque
carré, le *contour* contenu dans chaque carré du modèle, et lorsque ce petit travail sera fini, nous serons
en possession d'un personnage suffisamment dessiné
pour le théâtre d'ombres.

On trouve chez les papetiers des carreaux tout
tracés sur des feuilles de toile transparentes et imper-
méables. Ils servent à faire des étuis protecteurs de
cartes topographiques. On les applique sur le dessin
qui, de cette façon, n'est nullement détérioré.

Si, au lieu d'un seul personnage, il s'agit d'un
groupe, on agira de même que ci-dessus. Il est bien
entendu que la grandeur de 0ᵐ30 c, est toute faculta-
tive et que nous l'avons indiquée pour la clarté de
l'explication. Maintenant que nous avons décrit le
jeu des carrés, nous allons serrer l'explication de plus
près.

Comme il peut arriver que le théâtre constru

soit pas de la dimension que nous avons recomman-
dée, il faudra que les pièces à découper soient d'abord
dessinées à l'échelle, et pour cela on cherchera le rapport qui existe entre le dessin à reproduire et le cadre
du théâtre. Ce rapport, dans les cas ordinaires, est facile à trouver: il suffit de diviser la longueur du grand
ou du petit côté du cadre du théâtre par celui du grand
ou du petit côté du cadre de l'image à agrandir.
Ainsi si nous voulons agrandir des dessins de 18-25
à la dimension de notre théâtre (70/110) le rapport
cherché sera $\frac{70}{18}$ ou $\frac{110}{25}$ ce qui nous donnera 3,9 ou
44.

Cet agrandissement des pièces d'ombre se fera, soit
par la méthode des carreaux que nous avons décrite,
soit au moyen d'un pantographe, ce qui est beaucoup
plus simple.

Un cas assez rare peut se présenter : le sujet choisi
est juste à la grandeur voulue; il est inutile alors de
le quadriller ou de le reproduire au pantographe. On
peut, soit sacrifier le dessin original ou la gravure en
la collant sur carton ou sur métal, soit la calquer en
la plaçant sur la vitre d'une fenêtre en mettant une
feuille de papier dessus et en suivant le contour avec
un crayon. Ce tracé doit être fait avec beaucoup de
soin, car en transparence, à cause de l'épaisseur des
deux papiers, les contours s'estompent et les finesses
se voient difficilement.

Le calcul de l'agrandissement est plus compliqué;
lorsque différents personnages ou groupes, devant
faire *partie d'un même tableau*, sont pris sur différents
documents, car, très souvent, ils ne sont pas dessinés

à la même échelle, dans ce cas, il faut agrandir diffé-
remment les divers groupes, en prenant pour terme
de comparaison, la hauteur de l'horizon.

On tracera sur les figures, une ligne passant par
l'ensemble des yeux des personnages, elle représentera
la ligne d'horizon ; une ligne parallèle, passant au bas
des pieds des plus grandes figures, représentera la
ligne de terre, la distance entre ces deux lignes doit
être rigoureusement constante. Si elle n'est pas la
même dans tous les dessins choisis pour la même
scène, il faut rétablir l'égalité lors de l'agrandissement.

L'autre procédé, dont on peut se servir, avons-nous
dit, pour agrandir le contour des dessins choisis, c'est
l'emploi du pantographe. Une pointe sèche fixée à
l'instrument, sert à suivre le tracé du modèle, et un
crayon adapté à l'autre extrémité, reproduit ce tracé
avec l'agrandissement désiré. Si l'on ne possède pas
cet instrument, on fera bien de s'en procurer un de
grande dimension (environ 60 centimètres de longueur),
car, avec un petit pantographe, tel que ceux qui sont
vendus couramment, on éprouvera de grandes difficultés pour obtenir les faibles agrandissements.

Voyons comment nous devrons nous servir de cet
utile auxiliaire. Avec lui, l'établissement de rapports
exacts, entre la longueur à agrandir et la longueur
agrandie, est très simple à établir, bien que ces instru-
ments soient gradués d'une façon tout arbitraire,
en millimètres, et que les principaux agrandissements y soient seuls portés. Dans le schéma ci-joint :
(fig. 41)

O est le point fixe ;

P la pointe ;

C le crayon ;

R l'articulation fixe ;

M et N les articulations mobiles :

Fig. 41

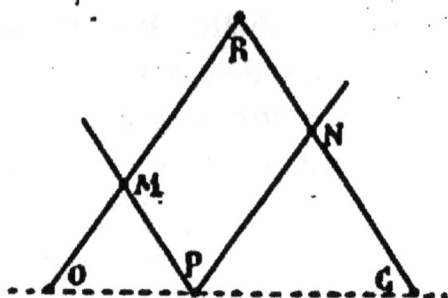

On a la relation :

$$\frac{OC}{OP} = \text{grossissement} = \frac{OR}{OM}$$

D'où il est facile de calculer :

$$OM = RN = MP,$$

(OR étant fixe pour un même appareil), si l'on connaît, soit le grossissement, soit le rapport de la ligne agrandie à la ligne à agrandir.

La connaissance de cette formule du pantographe, nous permettra, en outre, de toujours trouver la position à donner à l'appareil, pour amener un personnage à une taille donnée, et cela sans chercher, au préalable, le grossissement à obtenir. Si les tailles sont T et t ou a de même :

$$\frac{T}{t} = \frac{OR}{OM}$$

La pièce d'ombre étant dessinée à l'échelle voulue, soit par le quadrillé, soit par le pantographe, on y tracera la ligne de terre qui est la ligne arrivant au bas du cadre du théâtre, puis au-dessous et parallèlement à la ligne d'appui suivant laquelle la pièce reposera sur la barre d'appui du théâtre; on laissera encore au-dessous, une bande de 1 à 2 centimètres, que l'on repliera en équerre et en arrière, après découpage, et qui assurera, en reposant à plat sur la barre d'appui, la stabilité de la pièce.

Cette partie pleine de la pièce d'ombre qui sert à la supporter et demeure invisible du spectateur, nous l'appellerons la queue de la pièce ; il sera bon de la dégager légèrement en haut et en dehors de ses points de réunion avec la pièce elle-même, de manière que l'on soit sûr, que ne pouvant déborder sur le théâtre, elle demeurera toujours invisible. *Voir la fig. 42.*

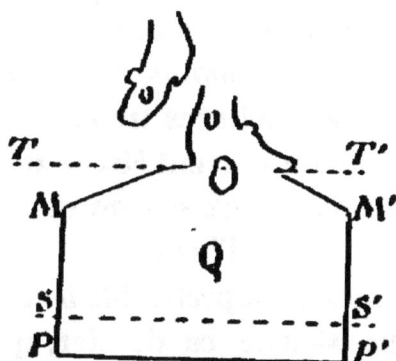

Fig. 42

O pièce d'ombre qui peut reposer sur la queue Q par un ou plusieurs points ;

TT' ligne de terre ;

SS' ligne d'appui ;

SPS'P' partie à retourner pour assurer l'appui ;

TMM, T'M'M' dégagements de la queue au-dessous de la ligne de terre.

Une fois le tracé obtenu, il faut rendre ce tracé capable de produire une ombre. A cet effet, la feuille de papier est collée sur un carton ferme ou sur une plaque de métal (de préférence en zinc), mais jamais sur du bois, comme nous l'avons vu indiquer à tort. En effet, le bois très mince joue et se fend dans le fil, et si on le prend épais, l'ombre n'a plus la netteté voulue. Nous sommes donc absolument contraire à l'avis d'employer le bois. Le carton, bien ferme et d'une pâte sèche vaudrait mieux, mais nous ne le recommandons pas. Il est facile à déchirer en le découpant avec des ciseaux, et lorsqu'on s'est donné beaucoup de peine pour construire un personnage, on est en possession d'une pièce fragile qui n'a pas de durée. Pour certaines pièces supportant un mécanisme lourd et compliqué, on pourra employer le cuivre jaune (laiton), la dépense sera un peu plus forte, mais le métal étant plus résistant, le personnage durera plus longtemps, se faussera moins et les rivets auront moins tendance à agrandir les trous.

Le zinc ou le laiton doivent être « détourés » avec une scie spéciale ou mieux encore par le moyen que nous indiquerons tout à l'heure.

L'emploi du métal est préférable à celui du carton, et nous n'avons signalé ce dernier, qu'à cause de l'emploi qu'on en pourra faire pour de grandes pièces de décor peu détaillées, car alors son poids sera moindre que celui d'une semblable pièce en zinc.

Comme spécimen de *décoration de premier plan* pouvant être faite en carton, nous donnons le moulin à vent, qui nous sert pour Don Quichotte. Le fond projeté peut être un paysage quelconque, que l'on supprime, si l'on veut. Le dessin montre que la découpure s'appuie sur le cadre O du théâtre (côté de l'opérateur), et qu'elle est maintenue en place par deux taquets, semblables à ceux qui servent à immobiliser les personnages. Les ailes, qui seront en zinc, sont fixées sur une rondelle de bois A, et cette rondelle

5

percée au centre, tourne librement sur un écrou à vis, ou une simple vrille qui se fixe dans le montant CD. De temps en temps, l'opérateur donne une légère poussée aux ailes qui tournent lentement. Si le personnel est assez nombreux, une personne spécialement chargée de ce soin, fait tourner les ailes lentement et régulièrement.

Nous conseillons, lorsqu'une pièce aura été faite en carton, de *consolider les parties faibles*, telles que l'échelle du moulin, en collant derrière, avec de la colle forte, des petites languettes de bois sur ces parties.

Fig. 13

Il peut arriver, et il est même indispensable, de mouvementer certaines parties des groupes ou personnages. Dans ce cas, il faut, sur le dessin, avant de coller la feuille de papier sur carton ou sur zinc, détacher les parties à mouvementer, têtes, jambes ou bras, et ajouter à chacune de ces parties un tenon qui servira à la réunir à la pièce principale.

Seul le métal peut donner aux pièces d'ombres la rigidité et la résistance suffisantes. Les amateurs s'effraient cependant à l'idée de découper du zinc et j'étonnerai bien la plupart d'entre eux en leur disant que le zinc est beaucoup plus facile à découper que le carton bristol, le tout est de savoir s'y prendre. Il ne faut opérer ni avec des ciseaux sur du zinc très mince, ni avec la scie à découper sur du zinc moyen. Il faut employer un zinc moyen, plutôt fort, et le découper au burin (1).

Les burins sont de petits outils pris dans des barreaux d'excellent acier, aplatis à une extrémité de façon à former un biseau tranchant droit et de largeur variable. On peut en faire aussi à biseau courbe.

Ceux que nous emploierons auront environ 0^{m}10^c de long sur 12 à à 15 $^m/^m$ de largeur, le biseau devra en être très aigu; avec un jeu de quatre de ces outils ayant une largeur de tranche de 1, 2, 4 et 6 $^m/^m$. une pierre pour les affûter, un marteau, une cisaille, deux limes douces demi-rondes et un fer à souder. Nous aurons à peu près tout ce qui est indispensable.

Fig. 41.

À ce matériel, nous pourrons ajouter un petit marteau à river, une pince coupante, un poinçon et un

(1) Les zincs n°s 8 et 9, conviennent très bien. Ce sont les plus petits numéros courants. On les trouve partout, ils son. faciles à découper et supportent bien la soudure.

vieux marteau, un peu gros, en guise d'enclume, puis quelques petits rivets, ou, à défaut, des clous en cuivre que nous couperons à la longueur avec la pince. Notre outillage sera ainsi complet ; il nous coûtera en tout une dizaine de francs, et ne sera ni sale, ni lourd, ni encombrant.

Des burins à biseaux, plus larges que o⫿or⫾, sont inutiles, la rapidité du travail, que l'on croit gagner avec eux, est illusoire. Des burins courbés sont inutiles, les petits burins droits de 1 et 2 ᵐ/ᵐ passent partout. Il est indispensable seulement que ces outils soient en acier de toute première qualité et convenablement trempés. On en trouve couramment dans le commerce, et, à défaut, on peut les faire faire par un armurier, un serrurier ou un coutelier.

Avec ces outils, rien n'est plus simple que de découper une pièce de zinc, quelle qu'en soit la dimension. On la pose à plat sur une planche en bois dur, on place un burin approprié, la tranche bien alignée sur le trait du dessin, un coup de marteau sec sur la tête et le zinc est percé ; on avance ainsi, peu à peu, sur le trait, en changeant d'outil, au besoin, pour suivre les courbes sans se préoccuper des bavures et du léger repli qui se forme au-dessous de la plaque. De temps en temps on retourne la pièce, et, à petits coups de marteau, on redresse la tranche des parties découpées qui est un peu retournée en dessous.

A l'entour des parties très délicates, on opérera avec précaution et à l'aide d'un fin burin. Si on casse quelque membre ou quelque accessoire, on le met de côté pour le ressouder après coup.

On ne se préoccupe pas des lances, cannes, rênes ou

autres objets filiformes qui seront confectionnés ultérieurement avec des bouts de fil de fer appropriés et soudés.

C'est, en somme, un travail long, minutieux, mais extrêmement facile, bien plus facile et moins fatigant que le découpage du bristol au canif. Au premier essai on en sera convaincu.

Quand tout est fini, on retouche, à la lime, les petites dents de scie qui déparent la rectitude du trait et qui seront d'autant moins prononcées, que l'on acquerra plus d'expérience. Cette opération, de la retouche à la lime, est d'ailleurs complètement inutile à la netteté du résultat sur la toile. Elle n'est utile qu'à la beauté et au fini de la pièce elle-même.

On est porté à s'illusionner sur le degré de perfection nécessaire à son travail. Le public, même prévenu, est insensible à la perfection du détail ; par contre, les fautes dans les grandes lignes du dessin, et surtout dans la perspective, blessent violemment son œil. Il ne verra pas si les contours des deux pièces découpées ont été soigneusement relimées, ou si elles restent hérissées d'aspérités ; mais il sera tout à fait choqué si les lignes d'horizon de deux pièces qui se suivent, ne sont pas exactement à la même hauteur.

Voici notre pièce découpée et retouchée ; on retourne au marteau la base d'appui, puis on enlève le papier qui a servi au découpage ; il faut maintenant la renforcer comme nous l'avons indiqué pour les grandes pièces en carton, car cette opération est généralement indispensable pour les pièces découpées, pièces qui manquent de rigidité et pour celles qui reposent sur des points d'appui insuffisants (fig. 45).

Dans cet exemple, la pièce tout entière ne se repose que sur le pied du dernier personnage.

Fig. 45

Voici le moyen le plus simple pour souder. Il faut nettoyer les deux pièces à réunir, soit en les passant à la lime, soit en les décapant avec de l'acide chlory-drique, s'il s'agit de zinc, avec de l'acide chlorydrique dans lequel on aura mis des rognures de zinc, s'il s'agit de cuivre. Au moyen du fer à souder rougi au feu ou de la lampe à souder, on fait fondre la soudure sur les pièces à réunir. Cette soudure adhère aux en-droits décapés, fait corps avec eux et les réunit forte-ment. Il faut un peu de pratique pour apprendre quelques tours de main nécessaires, tels que les fixages des pièces entre elles avec des pinces, la réserve des trous avec un papier gras, etc.

Il est très facile de souder; si, cependant, on ne veut pas se lancer dans cette opération un peu sale, on pourra, après avoir préparé les pièces à souder, faire faire l'opération sous ses yeux, par un ouvrier.

Les renforts sont constitués par des morceaux de gros fil de cuivre que l'on contourne de manière à les faire passer par les points de la pièce que l'on veut réunir; ils viennent aboutir dans la queue à laquelle ils fixent solidement l'ensemble. Il n'est nullement nécessaire qu'ils soient soudés sur toute leur longueur, quelques points de soudure, bien placés, suffisent largement.

On renforce de la même manière toutes les parties fragiles en saillie, bras levés, jambes isolées, etc., puis on soude les lances, bâtons et autres objets du même genre.

Il faut ensuite réunir les pièces séparées, bras, jambes, etc. Si les personnages sont en carton, cette réunion se fera avec un fil noué sur la pièce principale, passé au travers de cette pièce et de la partie accessoire, puis noué à nouveau. Si les personnages ont été découpés en métal, la réunion sera faite au moyen d'un rivet assez lâche pour faire pivot.

Pour le métal, ou pour le carton, il faudra fixer un fil à la partie mobile, comme aux pantins d'enfants, qui servira à faire mouvoir cette pièce. Quantité de cas peuvent se présenter pour mouvementer des personnages. Nous en parlerons dans un chapitre spécial.

Dans la plupart des cas, lorsque la pièce ne doit avoir ni leviers, ni mécanisme compliqué reposant .r la queue, il est bon de clouer sur cette queue, .ne légère bande de bois de deux ou trois centimètres de large et d'une épaisseur semblable à la barre SS, indiquée sur la figure n° 22, représentant la construction du théâtre. Cette bande de bois permet de faire usage des taquets d'arrêt, lorsqu'on veut immobiliser la pièce en scène.

Bien que, contrairement à ce que l'on s'imagine au début, il ne soit nullement nécessaire que les pièces d'ombre soient strictement appliquées sur la toile, pour donner une ombre nette, lorsque l'éclairage est fourni par une lanterne à projection, il est préférable de placer toutes les soudures, rivures et épaisseurs à l'arrière des pièces d'ombre, surtout lorsque ces pièces auront des parties trans-

Fig. 46

parentes, *La Blanche fée* (fig. 46), *Drapeau du bataillon carré* (fig. 47), *Drapeau du Régiment qui passe* (fig. 19). Disons ici que ce drapeau peut être monté sur pivot, de façon à faire passer le groupe plusieurs fois, trois fois par exemple, sans le drapeau qui est abattu et caché derrière les personnages, une fois avec ce drapeau visible et un peu penché en avant. Sa place est à la moitié du groupe. Les parties transparentes doivent être aussi rapprochées que possible de la toile.

Nous avons souvent vu des ombres présentées avec des ouvertures pour les yeux, ou avec des parties claires recouvertes de toile, calque, ou gélatine colorée. A notre avis, c'est une grave erreur. L'ombre ne doit être qu'une masse, comme elle l'est dans la nature, et elle ne doit avoir d'ajours que ceux qui existent. L'œil ne donne pas de jour dans une ombre, et nous n'admettons les transparences colorées que pour les objets flottants tels que les drapeaux, dans les pièces militaires, les draperies des danseuses, des fées (fig. 46), les fenêtres éclairées (fig. 29), *Le château de Malborough* (fig. 71), le paysage fantastique de notre pièce ; *La Blanche fée*, où les fenêtres quelconques dont on peut bleuter l'ouverture (fig. 43), *Le moulin de Don Quichotte.*

Toutes ces parties transparentes ne doivent être que des rehauts laissant subsister l'ombre intacte, telle qu'elle est produite par un corps opaque.

La pièce bien lavée et séchée, peinte en noir si on veut (ce qui est inutile à la vérité), les jours garnis, s'il y a lieu, de papiers transparents colorés, on a une pièce d'ombre solide, pouvant tomber sans grand dommage et être maniée sans grandes précautions.

CHAPITRE V

*Mécanisme des pièces d'Ombres. — Petits principes
de mécanique à appliquer.*

La mécanisation des ombres formait autrefois la
base du spectacle, et bien que les mouvements des
personnages fussent en général faux, guindés et
pas « nature », le public y prenait grand plaisir.
Aujourd'hui le goût a tourné.

C'est que nous voulons maintenant, avec les ombres,
montrer de grandes scènes dans un petit cadre, et
non plus de petites marionnettes dans un cadre
presque trop grand pour elles.

La mécanisation de nos personnages isolés se
réduira donc à de rares exceptions près à quelques
mouvements de bras ou de corps, d'une extrême simplicité.

En consultant les figures 5, 6, 8, 9, 10, 30, 31, 32,
43, 77, on trouvera des spécimens de presque tous les
mouvements nécessaires courants. Nous sommes
d'avis qu'on pourrait presque se borner à ces mouve-

ments simples; cependant les représentations sont certainement rehaussées par une bonne mécanisation du personnage principal et, dans une soirée, l'inter-calation entre deux sujets modernes, d'une jolie petite scène comique, bien mécanisée et bien présentée, produit toujours un agréable effet, pourvu que le dialogue en soit vif et les bonshommes bien dirigés. A ce titre, la mécanisation des personnages mérite d'être étudiée.

Il ne s'agit pas ici d'horlogerie, et nous devons pouvoir construire tous nos mécanismes avec quelques outils rudimentaires. Il y a donc lieu d'écarter systé-matiquement tout ce qui est engrenage, transmission par poulie, par chaîne, tout ce qui nécessite des pièces tournées et bien finies. Nos organes de transmission seront donc des bielles, des leviers droits ou coudés, des fils de fer et des ficelles, et quelques bouts d'élas-tique.

Ce que le théâtre d'ombres moderne nous a révélé c'est, avec la représentation des foules, celle de cer-tains mouvements d'ensemble de ces foules. Ces effets sont parmi les plus saisissants que nous puis-sions produire, et toujours obtenus par des moyens très simples. Ils peuvent se ramener à deux types.

Dans le premier, on fait apparaître à la fois toute une série d'objets préalablement absents, ou disparaître à la fois ces mêmes objets : troupe de fantassins met-tant à la fois en joue et relevant leurs armes, de cavaliers brandissant leur sabres, dans l'épopée; fidèles élevant des palmes à l'arrivée d'un évêque; foule ouvrant ses parapluies sous l'averse obligatoire d'une entrée présidentielle. Dans ce genre de mou-

Fig. 17

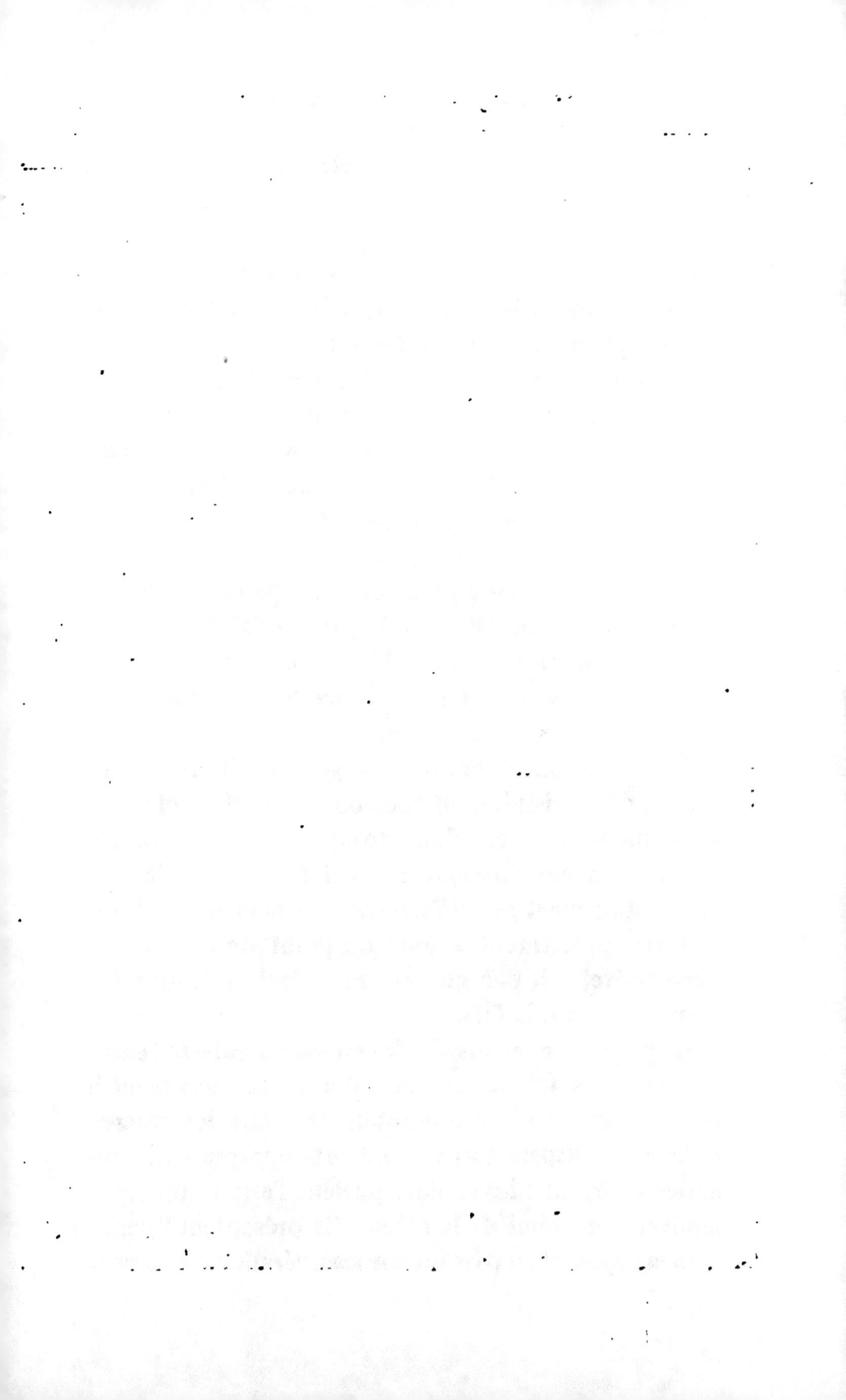

vement, les objets à faire surgir, fusils, bras armés de sabres, de palmes ou de parapluies sont soudés sur une ou deux pièces de zinc, pivotant *perpendiculairement* au plan du tableau et convenablement dissimulées. Les pièces sont-elles horizontales, fusils, sabres, palmes ou parapluies menacent la lanterne à projection, mais sont invisibles pour le spectateur ; en relevant les pièces, tous les objets qu'elles portent deviennent visibles et semblent, par l'effet du pivotement être graduellement et vivement relevés.

Dans le bataillon carré (fig. 47), on trouvera un exemple de ce mouvement. Les fusils visibles sur le dessin sont montés à pivot en deux parties, et tantôt ceux de droite, tantôt ceux de gauche s'abaissent pour faire feu. On trouvera, au chapitre des bruits de coulisse et effets accessoires, le moyen de simuler la fusillade et l'éclair des fusils.

Dans le second type, on change la position relative d'objets déjà visibles, en tout ou en partie : tel est le maniement d'armes d'une troupe passée en revue. Les fusils à mouvoir sont alors fixés sur une pièce de zinc qui se meut *parallèlement*, au plan du tableau, soit par pivotement autour du point de fuite de la perspective, soit par glissement latéral, soit par les deux moyens à la fois.

La pièce est-elle baissée, les crosses paraissent entre les pieds des soldats et les baïonnettes dépassent à peine les épaules ; en remontant la pièce, les crosses s'élèvent et disparaissent en même temps que les baïonnettes se lèvent : les soldats portent l'arme ; un léger mouvement latéral de la pièce : ils présentent l'arme, puis la reposent en passant par les opérations inverses.

En dehors de ces deux types de mouvements, d'un emploi très général, on peut en trouver bien d'autres s'appliquant à des cas particuliers, mais il faudra toujours mettre impartialement en regard l'importance de l'effet produit et la complication des moyens employés pour l'obtenir et rejeter, de parti pris, les procédés compliqués ; ne pas oublier que si l'ensemble est bon, le public est très tolérant pour les détails auxquels il n'attache qu'une importance minime.

Il s'agit, par exemple, de changer l'attitude d'un personnage. Le piocheur du *Pont cassé* avec sa pioche sur l'épaule se retourne, sort, et rentre avec sa pioche à la main. Il se plie en deux pour piocher, puis fait marcher sa pioche : chercher à mécaniser ce personnage de manière à lui faire accomplir ce mouvement compliqué serait du temps perdu ; en substituant rapidement au premier bonhomme (fig. 7) un second bonhomme (fig. 8) piochant, l'effet cherché sera aussi bien produit, l'attention du public fixée sur l'arrivée des canards dans le tableau est complètement détournée du personnage du piocheur pour le moment : il suffira donc de faire la substitution au moment où les canards apparaissent, pour que cette substitution passe à peu près inaperçue, un clou chasse l'autre !

Cependant, on peut avoir à produire quelques mouvements plus compliqués, et pour certains personnages la tête peut avoir à se baisser de droite à gauche, le ventre se gonfler, le corps s'allonger, un accessoire tel qu'un fusil, une canne, un parapluie, doit remuer. Cela ne peut être prévu d'avance, et c'est l'ingéniosité du constructeur qui doit trouver le moyen à employer. Il faut bien calculer la direction du fil de tirage si l'on

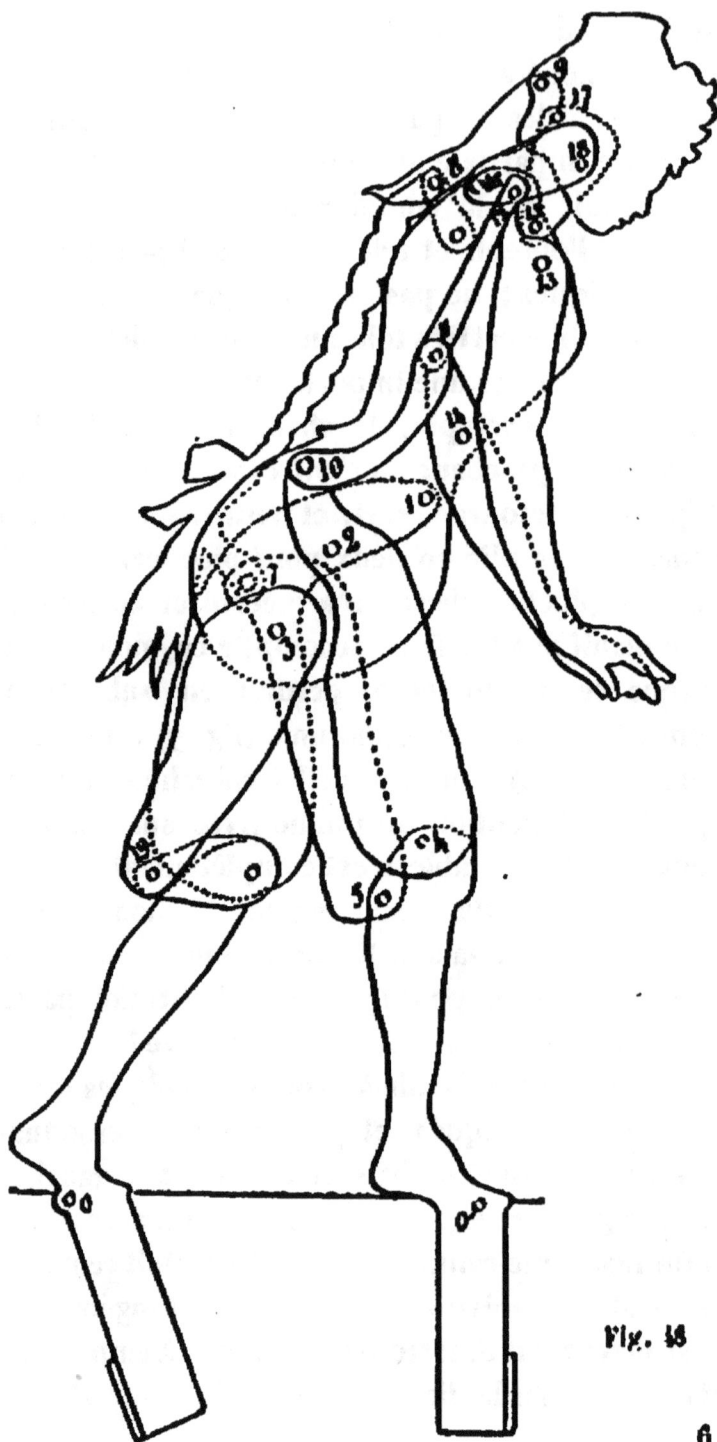

Fig. 16

en emploie un, afin qu'il ne soit pas visible pour les spectateurs. Si, par hasard, il était impossible de le conduire en ligne droite invisiblement et qu'il soit nécessaire de lui donner une direction courbe ou brisée, on fixerait son chemin au moyen de quelques petits anneaux de fil de fer léger, fixés dans le carton ou dans le métal (voir fig. 8). Chaque cas particulier doit exercer l'ingéniosité du constructeur, car il ne peut être prévu d'avance. Quelques amateurs sont arrivés à faire des merveilles, et nous citerons l'un d'eux, M. Passement qui, en appliquant quelques principes de mécanique, est parvenu à faire des personnages véritablement vivants. M. Passement nous a non seulement autorisé à reproduire un de ses personnages (fig. 48 et 49) avec le détail complet du mécanisme, mais encore il a bien voulu exposer pour nous quelques théories mécaniques dont le lecteur pourra faire l'emploi à l'occasion. Nous avons pu nous-même, sans chercher à composer des personnages aussi compliqués que ceux de M. Passement, nous servir de ses indications pour obtenir des effets très intéressants, et nous avons reproduit sans difficulté tous les personnages qu'il nous a décrits, enrichissant ainsi notre collection d'ombres, de sujets variés, intéressants et surtout inconnus. On pourra, grâce aux figures 48 et 49, établir le personnage qui se met à genoux, et avec le schema (fig. 50), il sera possible de suivre l'explication des principes de mécanique décrits plus loin et qui ont été appliqués.

A première vue, nous devons le confesser, les explications géométriques (sans doute contraires à nos goûts et pour lesquelles nous avons toujours eu une

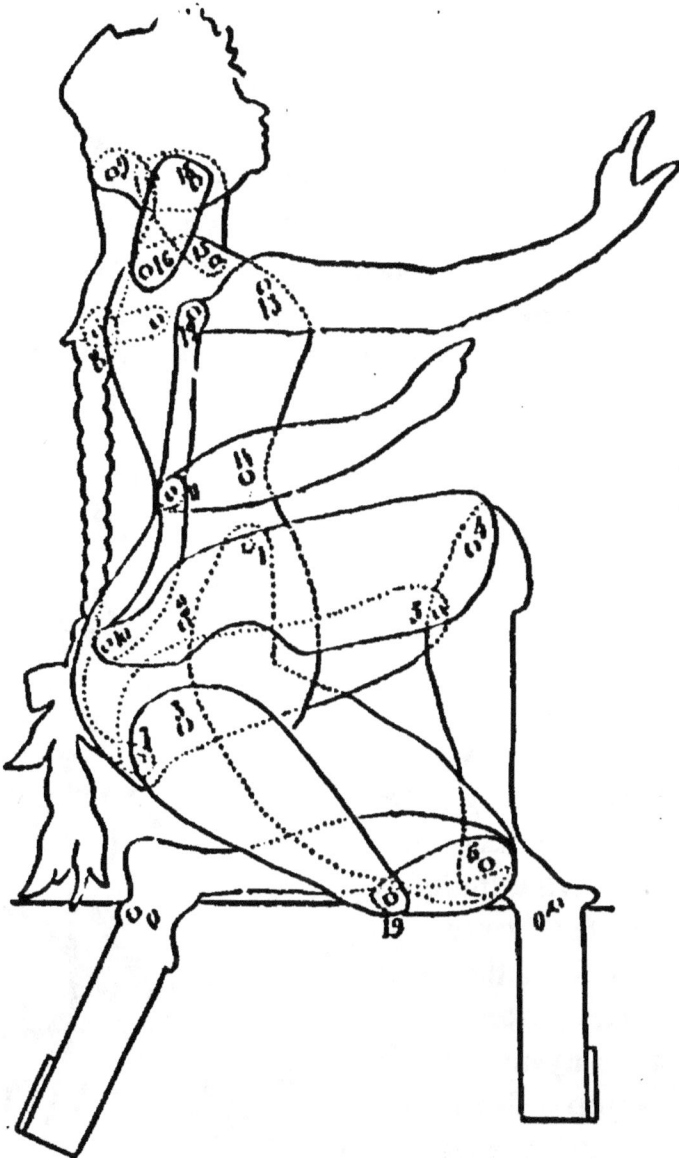

Fig. 49

certaine répugnance), nous ont paru un sombre gri-
moire, profond et insondable, sur lequel nos années
de lycée ne jetaient qu'une lueur indécise et blafarde.
Craignant trop la migraine causée par une étude ap-

profondie, nous allons mettre les notes de côté, désespérant d'y apercevoir jamais les X entourés de la vive lueur jaillissant obliquement du choc des perpendiculaires, resplendissants dans l'auréolation des circonférences, dans la fulguration des parallèles, au milieu de l'incandescence des tangentes et de l'irradiation des rayons. Mais peu à peu, sans trop de peine et presque facilement, grâce à la netteté des explications, nous avons pu retrouver le fil d'Ariane.

Reconnaissant à M. Passement de ses indications, certain qu'elles seront utiles à d'autres personnes, nous les publions.

Pour exécuter des personnages mécanisés, la première chose à faire est de les dessiner comme nous l'avons indiqué ; mais il faut tracer de nouveau les silhouettes dans leurs diverses attitudes, en ayant soin de ne pas trop déformer les parties principales du corps. Pour les personnes n'ayant pas une certitude absolue de leur dessin, nous recommandons l'emploi des silhouettes articulées, en

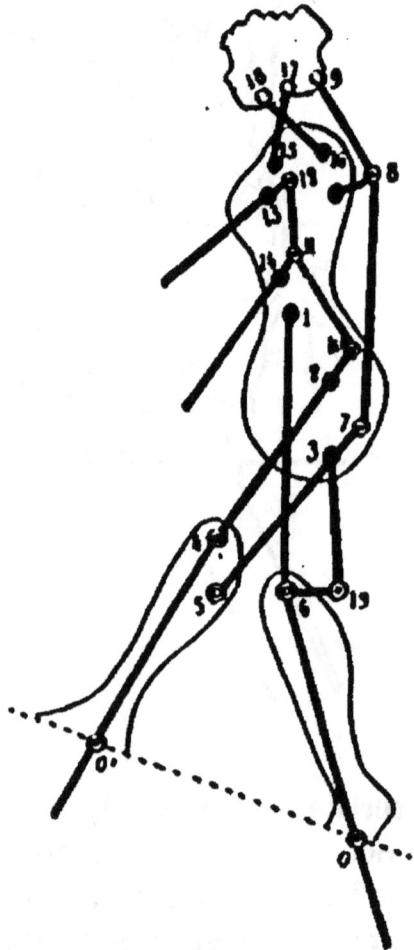

Fig. 50

carton, qui se trouvent chez tous les marchands d'articles pour dessin.

Ce travail fait, calquez vos divers dessins; superposez ces calques en faisant coïncider les parties fixes servant de support, et cherchez les centres des rotations simples ou combinées qui permettent de passer d'une attitude à l'autre. Je ne puis indiquer de règles mathématiques à ce sujet, car c'est précisément là qu'interviennent l'habileté et l'ingéniosité du dessinateur. Dans les figures vues de profil, il suffira généralement de déterminer les articulations principales du squelette, mais lorsqu'il s'agira de mouvements en raccourci, il faudra une certaine habitude de la perspective et un certain goût pour ne pas donner de trop graves entorses aux règles les plus élémentaires de l'anatomie et du dessin. L'habileté consistera à savoir donner des coups de pouce, à compenser les inexactitudes forcées du dessin les unes par les autres, à chercher pour chaque pièce la forme moyenne qui peut s'adapter à peu près à toutes les attitudes, quoique n'étant pas exactement vraie pour aucune, enfin de déplacer adroitement les points d'articulation de leur place exacte. Une autre difficulté se rencontre souvent : c'est le changement de forme des vêtements dans le mouvement d'un personnage, et certains problèmes de ce genre sont très amusants à résoudre ; . par exemple faire asseoir sur une chaise un profil de femme, faire tourner une tête en laissant le zinc à plat (fig. 67). On arrive à ce résultat au moyen de plusieurs pièces qui, par leurs déplacements successifs, permettent la déformation de la silhouette primitive. On pourrait, par ce moyen, métamorphoser un personnage entier.

Il faut aussi, très souvent, donner à une tête un mouvement aisé et naturel en déterminant la direction du regard. On a un exemple de ce mouvement de la tête dans les figures 48 et 49, schema nº 50.

Mais, revenons à nos personnages en construction dont nous avons dessiné les différentes positions. Il nous faudra, ici, faire un peu de mécanique élémentaire. Nous avons marqué l'emplacement des axes, le contour des pièces principales et les formations à obtenir. Nous savons quels mouvements nous voulons produire et nous chercherons quel est le tracé à adopter pour chaque organe en particulier, de façon que rien ne reste visible en dehors de la silhouette. Nous étudierons quels sont les détails du dessin qui peuvent servir d'organes de transmission. Ainsi, dans la figure à genoux (fig. 49), c'est par la tresse de cheveux que la tête est reliée à l'un des deux leviers qui forment la culotte.

Une fois cette étude faite, nous mettrons en usage, suivant le cas, un des principes suivants.

MÉCANISMES USUELS. — L'emploi exclusif de transmissions par bielles, leviers et renvois coudés, offre certaines difficultés. Les écueils principaux qu'il faut éviter sont : l'enrayage, les points morts, les renversements de mouvements et, comme conséquence, les coincements. Dans certains cas, cependant, on mettra *exprès*, une pièce au point mort et on cherchera à obtenir des renversements de mouvement, mais, quand on le fera *exprès*, c'est que l'on aura la certitude de ne produire ni enrayage, ni coincement.

Il faut, de plus, que les résistances soient faibles et

qu'une pression légère du doigt suffise pour provoquer
le mouvement, sans cela la pièce se fausserait et ballot-
terait d'une manière désastreuse. Enfin, toutes les
transmissions et mécanismes doivent disparaître dans
le contour apparent de la silhouette.

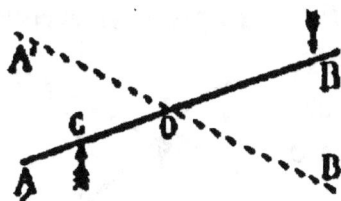

Ici, nous sommes obligés
de faire de la géométrie.
Que le lecteur ne s'effraie
pas, c'est élémentaire.

LEVIER SIMPLE. — Si
nous regardons les figures

Fig. 51

51 et 52, nous voyons que tout se réduit à ce problème : étant donné un levier A B, articulé en O, le
mettre en mouvement, soit par une traction exercée en
B, soit par une poussée exercée en C. Le point d'articulation peut, lui-même, se trouver sur un autre levier
mobile, et l'effort n'être transmis qu'indirectement.

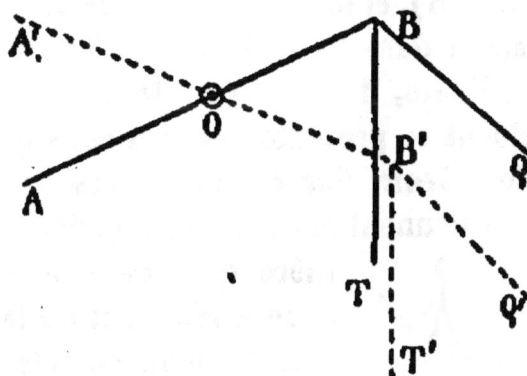

Fig. 52

Supposons que le levier AB corresponde à un bras.
Le procédé élémentaire, pour faire lever ce bras, consiste à accrocher une ficelle en B et à tirer sur la ficelle.
C'est le secret des polichinelles... en bois. L'amplitude du mouvement est l'angle A O A' (fig. 52).

Nous remarquerons que l'amplitude de ce mouvement est forcément très limitée, car la traction du fil
est en partie détruite par l'axe O, et cela, d'autant plus,
que la direction du fil tend à s'écarter davantage de
la perpendiculaire; exemple: si la direction de la
traction était B Q au lieu de B T. De plus, il arrivera

souvent que la commande BT,
dépendant elle-même d'un organe à cours limité, on ne puisse
pas disposer d'un grand mouvement de fil. Quelquefois, aussi, la
direction de la traction change
pendant le mouvement (fig. 53).

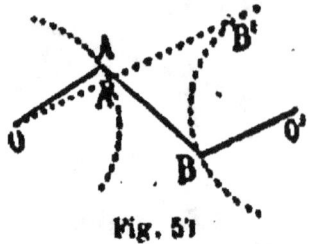

Fig. 53

Dans l'exemple de cette figure (deux manivelles reliées par une bielle d'accouplement intérieure), il y a
enrayage dès que les deux extrémités de la bielle A B
se trouvent en ligne droite avec l'un des deux centres,
(position O A' B), et le mouvement devient très dur dès
que l'on arrive dans le voisinage de l'une des deux li-
mites. A la limite, il y a d'ordinaire un coincement.

Cet accident se présente souvent sans qu'on ait eu
l'idée de le prévoir. Par exemple, lorsque deux personnages se tiennent par la main (fig. 54) de telle manière que les mouvements du
groupe résultent de la combinaison des mouvements des leviers
M et N. Supposons que A et B
soient des articulations, et O l'articulation des mains. Il arrive
souvent que, lorsque les trois

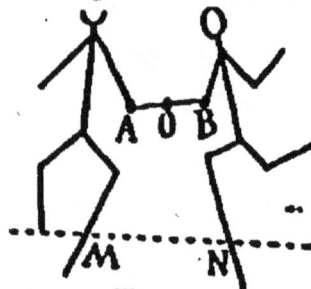

Fig. 54

points A O B se trouvent accidentellement en ligne
droite, il y a enrayage. Dans certains cas, il suffira de

rompro l'équilibre avec un caoutchouc ou un fil attaché à l'avance.

En pratique, il ne faut pas que l'angle, que font
entre elles la bielle qui transmet et la manivelle qui
reçoit le mouvement, s'écarte de plus de 45° de l'angle
droit. Il n'est donc guère possible de faire exécuter
directement à un levier un mouvement angulaire de
plus de 90 à 100° et, pour être sûr, il faut mieux s'as-
treindre à ne pas dépasser 60°.

On a souvent à réaliser des mouvements bien plus
considérables (faire lever un bras, par exemple), et
pour y arriver on est conduit à chercher certaines
combinaisons de leviers et de bielles qui amplifient le
mouvement angulaire final par la composition de plusieurs rotations. Je reprendrai ce sujet dans un instant.

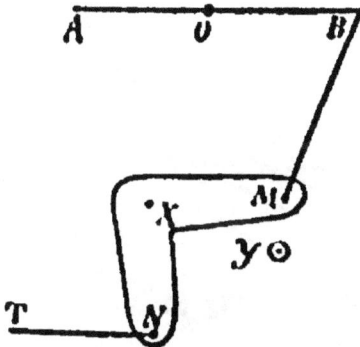

RENVOIS COUDÉS. — Sup-
posons, maintenant (fig. 55)
que le pivot O, du levier A
B, soit placé de telle façon
qu'il ne soit pas possible de
faire disparaître, dans la
silhouette, une commande
rectiligne attachée en B.
Nous aurons alors recours
à un ou plusieurs renvois

Fig. 55

de sonnette, tels que MXN, dans lequel le lien MB trans-
mettra au levier A B, la traction T N exercée en N.
Remarquons que si X N diffère de X M, l'amplitude
du mouvement angulaire final dépendra du rapport
des rayons MX et XN pour un tirage déterminé de la
traction.

MOUVEMENTS INDÉPENDANTS. — Supposons maintenant que le pivot O (fig. 55) du levier A B, soit porté
par une pièce qui soit elle-même en mouvement autour
d'une articulation Y. Comme exemple, prenons que
A B, bras, appartienne à un buste articulé en Y. Si
vous voulez que le mouvement du bras soit absolument indépendant de celui du buste, *il faut absolument qu'au repos l'un des points d'attache B,
M ou N se superpose à l'articulation Y du buste,*
parconséquent, dans la figure 55, que Y se confonde
avec M.

Une précaution à prendre, en faisant l'épure, c'est
que les bielles d'accouplement ou les fils tirent bien
droit. On tracera donc les renvois de façon que le
tirage, dans la position moyenne, soit aussi rapproché
que possible de la perpendiculaire. Ainsi (fig. 56),
O A, étant un bras ar-
ticulé en O, B T étant
la direction supposée
obligatoire de la trac-
tion, OA', la position
limite du bras, on tra-
cera la manivelle BO
de façon que B T soit

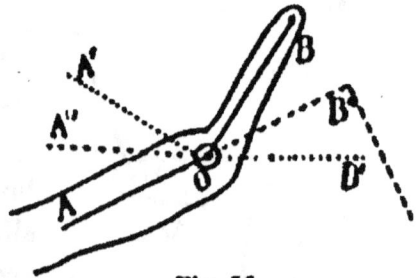

Fig. 56

perpendiculaire à la direction moyenne O B'. Le point
B est le point de traction.

CHANGEMENT DE SENS DU MOUVEMENT ET POINTS
MORTS. — Dans certains cas, on a intérêt à ce que la
pièce ne dépasse pas une certaine position et quelque
fois même à ce qu'elle revienne en arrière après avoir
atteint cette position. Le moyen d'obtenir cet effet est

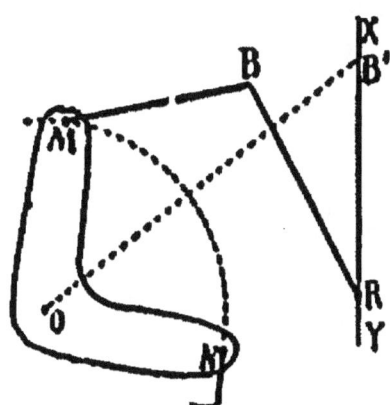

élémentaire ; c'est celui que l'on emploie pour transformer un mouvement de rotation continu en mouvement alternatif (fig. 57), soit T N, direction de la traction, N O M renvoi, MB bielle d'accouplement, RB pièce mise en mouvement, XY limite que ne doit pas dépasser cette pièce. La longueur de la bielle MB setrouve, en prenant RB'=RB, et en joignant B', au centre de l'articulation.

MB' est la longueur de la bielle.

Fig. 57

Ce procédé ne doit s'employer que pour obtenir des mouvements de peu d'amplitude ou si les rayons RB et OM sont très différents l'un de l'autre.

MULTIPLICATION DE MOUVEMENTS. — Nous n'avons pas l'intention de faire ici un cours complet de mécanique sur la composition des rotations et l'équilibre des polygones articulés. Nous nous contenterons de donner quelques dispositifs dont l'application est facile et l'emploi constant.

DEUX MANIVELLES INÉGALES SONT RELIÉES PAR UN LIEN (fig. 58). — Pour que le mouvement de l'une se transmette intégralement à l'autre, il faut : 1° que les centres des *deux* circonférences soient intérieurs à la petite circonférence ; 2° que la bielle soit plus grande que FG et plus petite que F'G. A un instant quelconque, le rapport des vitesses est égal à celui du rapport des

distances du point de rencontre D, de la bielle avec la
ligne des centres, à chacun de ces centres

$$\frac{V}{V'} = \frac{O'D}{OD}$$

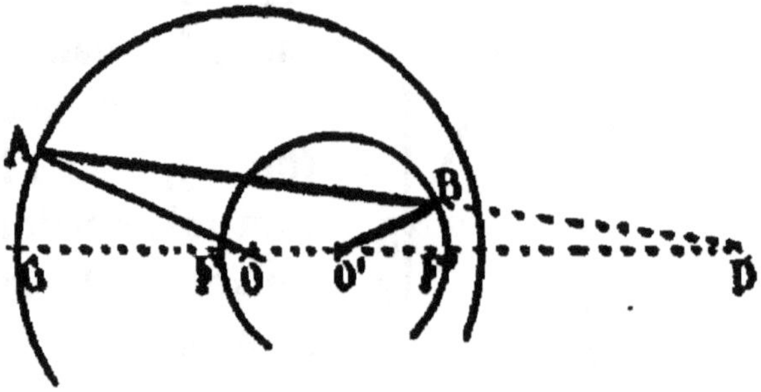

Fig. 58

GRAND MOUVEMENT OBTENU AVEC UNE BIELLE DE
FAIBLE COURSE. — Consultons la fig. 59. X et Y sont
les axes de deux manivelles. L'une décrit la circonférence de rayon XK, l'autre la circonférence de rayon
de YL. Le rayon YL est égal à la moitié du rayon XK,
et la distance des centres XY est égale au rayon YL.

Les deux circonfé-
rences sont donc en
contact en un point
qui est sur le prolon-
gement de XY. Si nous
pouvions nous servir
d'engrenages il est évi-
dent que le pignon Y
aurait un mouvement
double de la roue à
dents intérieures X.

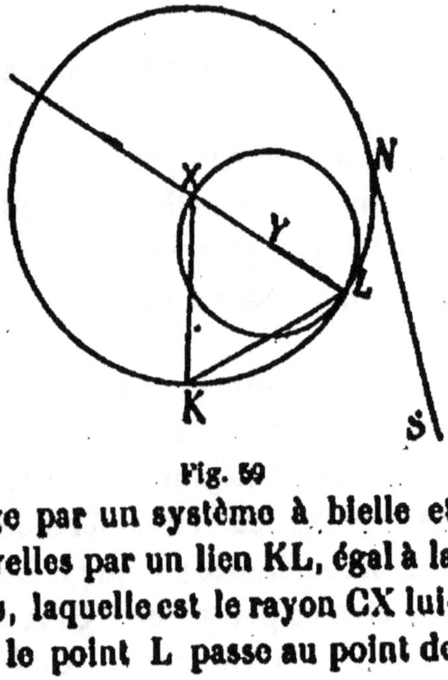

Fig. 59

Remplaçons l'engrenage par un système à bielle et
joignons les deux manivelles par un lien KL, égal à la
différence des diamètres, laquelle est le rayon CX lui-
même. Au moment où le point L passe au point de

contact des deux circonférences décrites par les manivelles, les choses se passent à peu près comme s'il y
avait un engrenage et le mouvement est sensiblement
doublé. Remarquons ici qu'il n'est pas nécessaire que
KL soit absolument égal à XL.

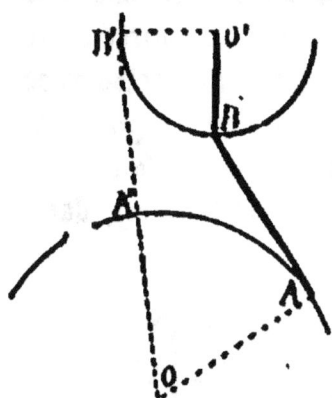

On peut obtenir un mouve-
ment analogue, les circonférences étant extérieures l'une
à l'autre (fig. 60). Le maximum
du mouvement est atteint lorsque A arrive en A'.

Voici maintenant un dispo-
sitif un peu plus compliqué
pour faire lever la jambe d'un
personnage (fig. 61). L'articu-

Fig. 60

lation naturelle étant en A, il faudrait river l'axe à ce point, attacher un fil quelque part en O et
tirer. Avec ce procédé primitif
le mouvement serait restreint.
Au lieu de cela, supposons la
dite jambe articulée en S à l'extrémité d'un levier articulé lui-
même en O au bassin. Si l'on
tire sur le point P, la jambe sera

Fig. 61

entraînée et l'articulation S décrira la circonférence SS'.
Supposons que, pendant ce mouvement, le point R de la
jambe soit relié à un point fixe Q par une bielle : pendant le mouvement d'ascension, le point R sera retenu
par le lien R Q et la jambe devra tourner autour de S.
Si, maintenant, le point Q s'abaisse, le mouvement de
rotation de toute la jambe, sera abaissé d'autant. Pour

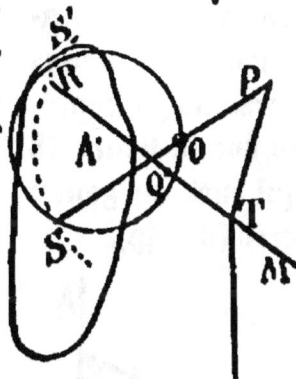

en arriver là, il suffira d'articuler le lien RQ à une deuxième manivelle ayant son centre en M, et d'actionner cette manivelle en même temps que le levier OP au moyen d'un lien PT qui reliera les deux manivelles. Le fil de manœuvre s'accrochera en T, et, dans ces conditions, la jambe se trouvera en fin de course dans une position identique à celle qu'elle aurait prise avec une articulation placée dans le voisinage du point A.

Ce mécanisme dérive, en somme, du balancier à brides et du parallélogramme de Watt (fig. 62), dans lequel le parallélogramme est remplacé par une croix de saint André.

QUADRILATÈRES ARTICULÉS. — Prenons le personnage représenté sur la figure 48 et qui met un genou en terre (fig. 49).

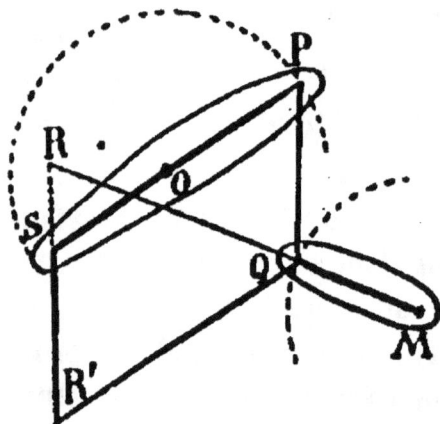

Fig. 62

Quelle que soit la position des jambes, le corps doit rester sensiblement droit. Voyons à cet effet le schéma (fig. 63). Le bas de la jambe intérieure CD reste fixe, la cuisse DE sera articulée au genou D et au bassin en E. Re-

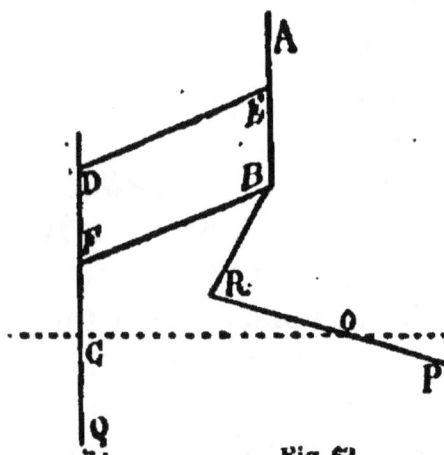

Fig. 63

lions le bassin à la même pièce C D par une
deuxième bielle FB égale et parallèle à la première. Quelle que soit l'attitude du personnage, la direction du corps restera parallèle à celle de la jambe
DC. Si donc on agit sur le corps par l'intermédiaire
d'une bielle RB articulée au levier OP, le personnage
se mettra à genoux et se dressera à volonté. Pour faire
pencher plus ou moins le corps, il suffira de déplacer le levier FCQ et, grâce à la combinaison des deux
leviers CQ et OP, on obtiendra une grande variété de
postures. Ce mécanisme est encore le balancier à brides de Watt.

Il n'est pas nécessaire que la bielle RB soit articulée
en B. Précisément dans la figure ce point d'attache a
été fixé beaucoup plus haut pour éviter l'enrayage qui
se produit quand la bielle RB est trop courte.

Il n'est pas nécessaire non plus que le quadrilatère
FDEB soit un parallélogramme. Dans le cas où cela
n'est pas, la position du corps varie un peu et peut
produire des effets particuliers ainsi que cela se présente pour le personnage de la figure.

Les leviers eux-mêmes du parallélogramme servent
à mettre d'autres pièces en mouvement. Dans la figure,
la tresse de cheveux n'est autre chose qu'une bielle
transmettant à la tête le mouvement de la jambe.

Il y a une foule de cas où
le parallélogramme pourra
rendre service. Ainsi (fig.
64), un avant-bras articulé
au coude en C, l'articulation
de l'épaule étant en O, est
maintenu par un lien RS

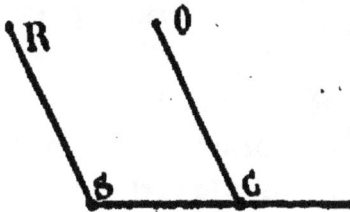

Fig. 61

qui peut être dissimulé dans la manche. Lorsque l'on mettra le levier OC en mouvement, le bras s'allongera.

Si la bielle RS n'est pas égale à la bielle OC, il y aura un petit déplacement de la direction du bras. Le même mécanisme pourra s'appliquer aux jambes.

Supposons maintenant que l'articulation R, au lieu d'être fixée à une pièce rigide, puisse être déplacée, on pourra ainsi (fig. 65) donner à la pièce un mouvement indépendant du mouvement d'ensemble. Dans cette figure le pied est lancé en avant.

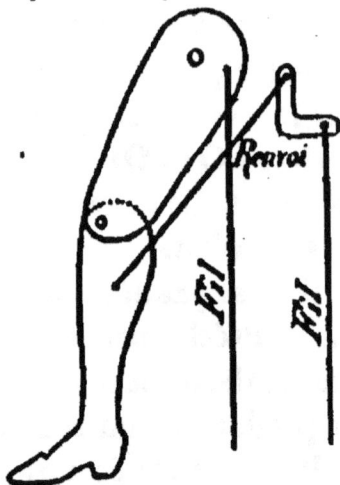

Voici encore un autre détail de mécanisme très utile. Considérons deux bielles formant une croix de saint André.

Fig. 65

Nous avons un exemple de ce mouvement dans la tête et le cou du personnage qui se met à genoux. La disposition adoptée dans ce personnage est telle que lorsque la tête se lève, le devant du cou semble s'allonger et le menton se relever. C'est en somme ce qui se passe dans la nature.

Nous nous servirons de la croix de saint André pour faire plier un bras (fig. 66) ou le poignet d'une main tenant un éventail. Si l'éventail est formé de plusieurs lames, nous le verrons s'ouvrir ou se refermer à volonté.

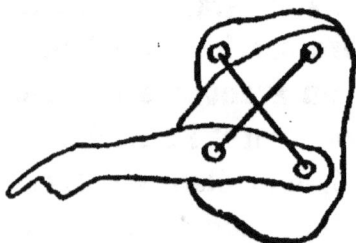

Fig. 66

7

Le même mécanisme peut servir pour faire plier une
jambe, faire allonger le cou d'un chameau pendant
qu'il marche en se dandinant (lequel mouvement est
obtenu par des parallélogrammes et des croix de saint

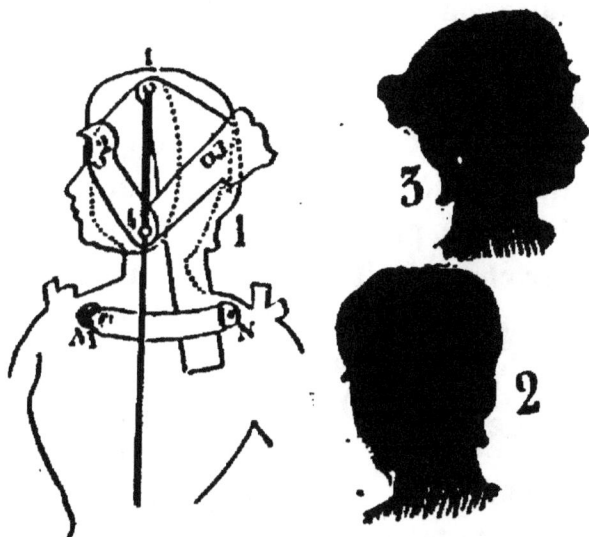

Fig. 67

André. Avant de terminer signalons encore les mécanismes basés sur des déformations. La figure ci-dessus,
n° 67, en est un exemple. La tête de profil (n° 3) arrive
à être de face (n° 2) et semble dire non. Le simple
examen du détail (n° 1) suffira pour faire comprendre
le mécanisme.

Nous venons d'étudier les mécanismes que nous
devions appliquer à l'occasion et nous supposons que
sur ces principes nous avons créé un personnage : il
nous faut le monter. Pour cela nous décalquerons
chaque pièce séparément en marquant exactement
l'emplacement des trous et nous collerons nos calques

sur le métal, puis nous les découperons à la scie ou au burin ainsi qu'il est dit au chapitre des personnages.

Toutes ces pièces enchevêtrées passent les unes par-dessus les autres, rencontrent des pivots, etc. Il faudra bien se rendre compte de l'ordre dans lequel elles doivent être superposées, et ne pas commencer à river avant d'avoir fait un essai préalable avec les pièces mises en place. Il sera bon souvent de doubler ou de tripler certaines pièces intercalaires pour donner du jeu aux pivots des pièces mobiles. En outre on pourra mettre entre chaque pièce une petite rondelle percée appelée contre-rivure et que l'on trouve de toutes grosseurs chez les quincailliers. De plus lorsqu'un mécanisme ou une pièce doit passer

Fig. 68

sous une autre pièce, il sera indispensable de lui faire de la place en interposant dans l'articulation de cette dernière une ou plusieurs rondelles ou mieux un petit fourreau coupé à la longueur voulue (fig. 68).

En rivant les axes il faut éviter de pincer les rivets; on y arrivera sans trop de peine en interposant une petite fourche entre les pièces à river (fig. 69).

Fig. 69

Pour les fils de tirage le meilleur fil à employer est le fil d'archal, de préférence à la ficelle qui s'use et s'enchevêtre dans les pièces mobiles. Pour attacher le fil à la pièce on forme une boucle à l'extrémité du fil, on l'apla-

Fig. 70

lit un peu au marteau, puis on enfile cette sorte d'anneau sur un clou rivé sur une rondelle (fig. 70).

Les amateurs industrieux termineront souvent dans leurs pièces mécaniques, les leviers de tirage par des touches à course fixée et guidée d'avance. Ce système a l'avantage d'éviter à l'opérateur l'inquiétude de veiller à ne pas tirer trop ou à ne pas tirer assez.

CHAPITRE VI

Les Fonds ou Décors. — Emploi de la Photographie
pour produire le négatif et la positive
Le Coloris par virage, teinture ou peinture.

Avec les fonds nous entrons dans le domaine de la photographie. Même s'il veut traiter en ombres les premiers plans, l'amateur devra photographier les fonds ; comme nous l'avons dit il simplifiera sont bagage sans nuire à l'effet final.

On a un exemple de cette manière d'opérer dans les figures 71 et 72. La première figure représentant une architecture de fantaisie doit être faite en zinc découpé. Elle permet de faire passer un défilé sur le pont qui porte une glissière pour cela, et de faire jouer une autre scène sous les arches. La seconde figure n° 72 représente le fond projeté par la lanterne. On remarquera que le dessin n'est pas excessivement soigné et qu'en outre il n'est qu'au centre du cadre. Cela vient de ce que d'ordinaire nous ne mettons jamais exactement au point dans la lanterne nos sujets de fond. Cela leur donne de la légèreté et de l'éloignement. Par suite, il n'est pas indispensable de les soigner énormément. En outre, comme dans le cas présent la découpure du 1er plan cache les côtés de ce fond, nous l'avons arrêté aux parties visibles. Ce décor ultra fantaisiste fait partie de notre pièce la *Blanche Fée*, citée plusieurs fois dans cet ouvrage.

Trois opérations nous occuperont successivement : dessiner ou calquer le tableau, en faire un négatif, puis une épreuve positive transparente sur verre coloriée généralement et solidement montée.

Il est presque toujours indispensable de faire un dessin spécial du fond à photographier. D'abord pour le dégager des premiers plans qui doivent être faits en zinc et ensuite, lorsque ces premiers plans n'existent pas ou doivent être photographiés en même temps, pour se débarrasser de l'influence sur la plaque photographique des couleurs pouvant exister sur le modèle choisi.

Certains fonds peuvent néanmoins être photographiés directement, ce sont ceux qui ne sont pas coloriés ou ceux qui sont coloriés en bleu.

Mais pour peu qu'il y ait dans les parties coloriées du rouge, du jaune ou du vert il faudra dessiner le fond pour le photographier.

Dans bien des cas on se contentera d'un calque fait sur papier aussi blanc que possible et sans plis. Si cependant on a à passer des teintes sur certaines parties du dessin il faudra le reporter sur du papier blanc et peu grenu. Le bristol mince est le papier qui convient le mieux.

Ce dessin des fonds n'a rien de difficile, c'est une

Fig. 11

Fig. 72
FOND DE L'OMBRE N° 71

simple opération de décalque à la portée de tout le monde. Il n'y a pas là de grandeur à observer, puisque l'objectif donnera la réduction nécessaire.

Les dessins doivent être faits avec de l'encre de chine très noire qu'il est bon d'additionner d'un peu de gomme gutte pour la rendre inactinique.

L'obtention du négatif rentre dans les opérations photographiques qui sortent un peu de notre compétence. Aussi nous sommes-nous basé pour ce chapitre sur l'expérience de M. Peragallo qui a bien voulu nous donner tous les renseignements dont nous avions besoin au point de vue technique. Le dessin à reproduire sera fixé sur une planche à dessin placée sur un chevalet vertical ou plus simplement piquée contre le mur d'une pièce bien éclairée en face des fenêtres. La disposition la plus favorable est réalisée lorsque le dessin est éclairé par deux fenêtres symétriquement placées.

La chambre noire est placée en face, avancée ou reculée jusqu'à ce que la réduction nécessaire soit obtenue.

Pour atteindre sûrement ce résultat important d'une façon constamment identique on tracera au crayon, sur le verre dépoli, le cadre dans lequel devra se placer l'image. Les dimensions de ce cadre seront en tous cas de 7 centim. 1/2 en largeur et d'une hauteur variable avec le rapport des dimensions du théâtre, de façon que l'on ait toujours le rapport (fig. 22).

$$\frac{x}{7\ 1/2} = \frac{EG}{GH}$$

Si le rapport de EG à GH est $\frac{2}{3}$ ou $\frac{3}{4}$ les dimensions du petit cadre à tracer sur le verre dépoli seront : 50/75 m/m. et 56/75 m/m.

On amènera donc l'image du sujet que l'on veut reproduire à être contenue aussi exactement que possible dans le cadre de verre dépoli. Si le rapport de ses dimensions est un peu différent on sera amené à en perdre une petite quantité soit en largeur, soit en hauteur, ce qui est en général insignifiant.

Le reste de l'opération rentre dans le domaine de la photographie pure ; quelques essais donneront la durée de la pose (variable avec l'objectif, le diaphragme et l'éclairage obtenu). Mieux vaudra poser moins que plus.

Il sera suffisant d'opérer sur des plaques 9/12.

On ne devra diaphragmer que ce qu'il faut pour obtenir la netteté absolue des traits, mais cette netteté devra être irréprochable dans toutes les parties de la plaque.

Avec les plaques Thomas, spéciales pour les positifs (*Thomas Lantern Plates*) et la formule de développement que nous indiquons ici, nous avons toujours obtenu d'excellents résultats tant au point de vue de l'intensité qu'à celui de la transparence qui est parfaite.

N° 1

Hydroquinone......................	15 gr.
Sulphite de soude..................	100 —
Acide citrique.....................	5 —
Bromure de potassium..............	4 —
Eau	900 —

N° 2

Soude caustique...................	15 gr.
Eau..............................	900 —

N° 3

Bromure d'ammonium...............	90 gr.
Eau...............................	900 —

N° 4

Carbonate d'ammoniaque............	90 gr.
Eau...............................	900 —

Les indications qui suivent, concernant l'exposition et le développement peuvent être utiles mais doivent être variées suivant les cas.

La température de la solution de développement sera maintenue autant que possible à 10°.

Pour les tons noirs, brûler 3 centimètres de ruban de magnésium à la distance de 1 mètre, et développer dans 11 c. c. de la solution n° 1 ; 15 c. c. solution n° 2; eau 30 c. c.

Pour les bruns, brûler 6 centimètres de ruban à 35 centimètres de distance et développer dans 15 c. c. de n° 1 ; 15 c. c. de n° 2; 1 c. c. de n° 3; 1 c. c. de n° 4 et 28 c. c. d'eau.

Pour les tons pourpres, brûler 9 centimètres de ruban à la distance de 35 centimètres et développer comme suit :

N° 1, 15 c. c.; n° 2, 15 c. c.; n° 3, 2 c. c.; n° 4, 2 c. c.; eau, 26 c. c.

Le temps moyen de développement pour les tons noirs est d'environ 2 minutes ; pour les tons bruns, 7 minutes et pour les pourpres, 10 minutes ; mais en raison de la différence variable des négatifs il ne faut considérer ces indications que comme approximatives.

La formule ci-dessus convient également bien pour les réductions à la chambre noire.

Un des principaux avantages des plaques Thomas est la remarquable finesse de grain de leur émulsion si précieuse pour la préparation des projections. Nous engageons ceux qui ne les connaissent pas à en essayer et nous leur assurons qu'ils n'en emploieront plus d'autres. Naturellement, on peut employer d'autres formules que celles ci-dessus; mais nous avons obtenu de si beaux résultats en suivant ces instructions que nous avons cru bon de les indiquer à nos lecteurs.

Si le cliché manque d'intensité, mais est pur dans ses blancs, un bon renforçage au bichlorure le mettra au point. Il ne faudra d'ailleurs pas craindre de recourir à ce moyen car, même pour les clichés bien venus et vigoureux, un léger renforçage donnera aux noirs une opacité nécessaire pour l'obtention de bonnes positives.

On pourra utiliser les clichés dont les blancs ne seraient pas très purs en commençant par les éclaircir dans un bain faiblisseur puis en renforçant après un bon lavage.

Les clichés seront ensuite repiqués, retouchés et préparés pour un tirage facile et commode, par un repérage approprié.

Afin de faire ce repérage, indispensable pour assurer un centrage ultérieur facile des vues positives, on tracera au diamant, bien au centre d'une plaque de verre du format choisi pour les positives, un cadre de la dimension que doit avoir celui de la partie utile des épreuves, c'est-à-dire des mêmes dimensions que celui qui a été dessiné sur le verre dépoli de la chambre noire.

Ayant placé ce cadre sur l'épreuve négative, de

manière à encadrer la vue à reproduire, on collera
le long de deux côtés consécutifs du verre guide,
deux bandelettes de carton bristol. Il suffira, lors de
la mise en châssis, d'appuyer les bords de la plaque
positive contre ces cartons, pour que l'image se trouve
centrée. Le travail sera fait exactement et une fois
pour toutes.

Quelques personnes emploient toujours pour leurs
positives, des plaques 8/8 ou 83/83, sur lesquels l'image
utile occupe à peu près un rectangle de 7 1/23.

La décision du congrès de photographie de 1889
a adopté pour format des épreuves à projection 85/100.
Le motif invoqué est que les vues à projection *ayant
une surface utile de 7/7*, elles occupaient presque
toute la plaque 8/8, et *qu'il ne restait plus de place
pour les étiquettes.*

Tout cela est bien comme raisonnement, mais
pourquoi admettre un format carré pour les vues à
projection, lorsque toutes les images dans tous les
livres, tous les tableaux, tous les formats de photographie sont oblongs? Pour la seule raison, sans
doute, que MM. les congressistes possédaient per-
sonnellement des collections de vues carrées et que
ces vues étaient montées sur des plaques 85/100. Ils
ont voulu imposer leur format au monde photographique et y ont à peu près réussi en France.

La vraie solution était de conserver la plaque 8/8
et d'y placer des vues en travers ou en long de 7 sur
5 ou 6 centimètres, format auquel se réduisent
tous les autres formats plus grands, qui permet
d'utiliser, par réduction, les clichés 9/12, 13/18 et

autres, et de réserver 2 ou 3 centimètres de marge
pour les fameuses étiquettes.

Par suite, malgré le congrès, beaucoup d'amateurs
opérant eux-mêmes ont conservé leurs 8/8, ils con-
seillent d'en faire autant. Cela est assez juste pour les
épreuves qui nous sont nécessaires et dont le format
est nécessairement oblong. On nous pardonnera cette
digression; nous revenons à notre sujet.

Quel que soit leur format, la nature des plaques
que nous emploierons a une importance capitale, au
point de vue de la réussite. Il nous faut des plaques
lentes, donnant des oppositions et de la vigueur. J'en
ai essayé beaucoup et bien peu donnent des résultats
satisfaisants pour le but que nous nous proposons.
Elles sont, en général, trop rapides et permettent
difficilement d'obtenir des noirs intenses sur un fond
d'une pureté absolue; en outre, elles baissent beaucoup
au fixage, ce qui complique leur manipulation. *Ac-
tuellement*, les plaques Perron au gélatino-chlorure
(si l'on n'emploie pas les plaques Thomas, dont nous
avons parlé pour les négatifs et les positives) d'ar-
gent remplissent tous les desiderata. Je les expose
en brûlant deux centimètres de ruban de magnésium
à une distance qui varie de 30 centimètres à 1 mètre,
suivant l'opacité du cliché, je les développe à l'hydro-
quinone, dans des bains ayant déjà servi et j'obtiens
sans aucune difficulté des résultats absolument par-
faits, au point de vue de l'opacité des noirs et de
la pureté des blancs. Ces plaques baissent au fixage
d'une façon insignifiante; mieux vaut d'ailleurs les
pousser un peu plus, on pourra toujours les éclaircir
ultérieurement, s'il le faut. Je les fixe à la manière
ordinaire, et ne les passe pas à l'alun avant les opé-

Fig 72. — LE ROI DE LAHORE (D'après VERNE)

rations de teinture d'ensemble, si ces opérations sont nécessaires.

Presque tous nos fonds devront être colorés et peints, au moins dans quelques-unes de leurs parties. Cependant, pour obtenir un effet artistique, on devra être sobre de colorations et ne pas transformer les épreuves en grossières images d'Epinal.

Tous les traités de photographie regorgent de formules et d'indications de couleurs ; ce seul fait indique la difficulté d'obtenir très simplement un bon résultat.

La couche de gélatine prend mal la couleur, et l'extension de grandes teintes uniformes au pinceau est très difficile, ce sont pourtant ces grandes teintes qui rehaussent l'image, et il est indispensable de les avoir très pures et très unies ; nous n'obtiendrons ce résultat que par des procédés de teinture.

Ainsi dans la figure 73, il suffit de deux teintes pour donner de la vie à la scène. Une teinte bleue pour le ciel, sur moitié de la toile, et une teinte de sable, sur l'autre moitié, pour figurer le sol se perdant à l'horizon. Si cette scène est en zinc, il suffira de projeter les deux couleurs avec l'appareil d'éclairage. Mais si elle a été obtenue par la photographie, il faudra colorer le cliché. La figure 74 (extraite de notre pièce *La Blanche fée*), sera coloriée de la même manière, un tiers en bleu, le reste en jaune brun.

Le moyen le plus simple est le virage. Les positives au gélatino-chlorure virent bien au violet avec presque tous les bains, pourvu qu'ils soient un peu riches en or. Le virage au borax réussit particulièrement bien, en le prolongeant on peut même obtenir des tons presque bleus. Ce procédé sera très utile pour donner aux fonds des tonalités violettes qui augmenteront leur recul.

Il peut arriver que l'on désire avoir un fond d'une seule teinte autre que du violet qui, dans certains cas, donne un effet très artistique. On pourra alors virer l'épreuve positive en bleu vert, jaune ou rouge, de la façon suivante.

Virage Orange

Solution A		Solution B	
Nitrate d'urane.....	5 gr.	Ferrocyanure de potassium....	1 gr. 25
Sulfocyanure d'ammonium.........	25 gr.	Eau distillée.....	500 gr.
Acide acétique cristallisable........	5 gr.		
Eau distillée..... ..	500 gr.		

Laver l'épreuve avec eau contenant 15 o/o d'acide nitrique et plonger dans un bain formé de parties égales de chaque solution. Si les blancs ne sont pas purs on lave avec

Eau distillée.......................	500 gr.
Carbonate de soude................	1 gr.

Virage Jaune

On plonge l'épreuve dans une solution de chromate de potasse dilué.

Virage Rouge

Oxalate de potasse..................	500 gr.
— de cuivre....................	2 gr. 25
Prussiate rouge de potasse..........	0 gr. 50

VIRAGE BLEU

Prendre oxalate ferrique............   0 gr. 75
Prussiate rouge de potasse ....   0 gr. 50
Eau distillée......................   500 gr.

Cette solution doit être conservée à l'obscurité.

Il est possible de produire des blancs sur l'épreuve bleuie au moyen d'un pinceau trempé dans de l'eau chargée de 4 o/o d'ammoniaque.

En trempant l'épreuve bleuie dans une faible solution de chromate de potasse et laissant sécher au jour, on aura du vert qui sera plus ou moins tendre, suivant la quantité de jaune qu'on aura ainsi apposée sur le bleu.

Des réserves au vernis peuvent être faites sur les premiers plans comme il sera indiqué plus loin. On peut encore employer ce procédé pour dégrader les ciels, opération fort difficile à obtenir directement. Pour cela on produit sur le haut du ciel un dégradé noir, soit sur le dessin lui-même, soit sur l'épreuve positive par les procédés habituels, en insolant légèrement le haut de l'image en dégradé. Ce dégradé noir est ensuite viré au violet clair, au bleu, au rouge, au jaune, soit en même temps que les fonds, soit directement. On peut encore employer, comme verre de garde, lors du montage final, au lieu d'un verre ordinaire, un verre gélatiné et dégradé.

En dehors de ce procédé indirect on aura recours à de vrais procédés de teinture.

Le bleu s'obtient en formant dans la couche un précipité de bleu de prusse. Pour cela le cliché est plongé quelques instants dans un bain de prussiate jaune de potasse à 2 o/o, on le lave superficiellement et on le plonge dans un bain de sulfate de fer à 2 o/o où il bleuit. L'inconvénient grave du procédé est que la teinte monte beaucoup en séchant. Il faut donc retirer la plaque du deuxième bain presque avant qu'elle ait bleui si on ne veut qu'une teinte légère. Quelques essais vaudront mieux que toutes les explications à ce sujet. Bien que tous les auteurs qui indiquent ce procédé disent que l'on obtient facilement les dégradés en plongeant graduellement la plaque dans les bains, en réalité rien n'est plus difficile à obtenir. On fera mieux, si on tient aux dégradés, de les obtenir, soit par le procédé indiqué ci-dessus, soit au pinceau avec du bleu ou du violet par les procédés habituels de l'aquarelle.

On aura des rouges et des roses au moyen de la solution ammoniacale de carmin. Il est facile de faire cette solution en faisant dissoudre à chaud 60 grammes de carmin dans 100 grammes d'ammoniaque liquide ; après dissolution et refroidissement on ajoutera 120 centimètres cubes d'eau. On pourra se contenter d'acheter du carmin en flacon (mais pas de l'encre rouge qui est à base d'aniline) chez un papetier et d'étendre cette couleur de 4 à 5 fois son volume d'eau en ajoutant quelques gouttes d'ammoniaque.

On obtiendra un jaune d'or très brillant et très pur avec une solution saturée d'acide picrique dans l'eau.

Ces trois couleurs employées seules ou combinées donneront une grande variété de tons très brillants et très purs. Elles jouissent de la propriété, le bleu et le jaune surtout, de mordre énergiquement la gélatine.

Le bleu de Prusse est insoluble et les deux autres

FIG. 74

couleurs sont très fortement retenues par la couche ;
on pourra donc faire, avec la plus grande facilité, des
réserves de vernis et les enlever après coup par un
lavage à l'alcool.

Ces réserves se font en passant au moyen d'un
fin pinceau du vernis à tableau sur les parties que
l'on veut préserver. Il n'est pas nécessaire, pour
procéder à la coloration, d'attendre que le vernis
soit complètement sec. On plongera la plaque dans
le bain colorant qui n'agira que sur les parties non
vernies. La coloration obtenue, et l'épreuve sèche,
on enlève le vernis avec de l'alcool. On peut alors
masquer d'autres parties de l'image et recommencer
avec une autre couleur. Avec des réserves de vernis
judicieusement placées et un bleu un peu intense
on obtient de très beaux effets de clair de lune.

Bien d'autres couleurs, notamment la gamme très
riche des couleurs d'aniline, pourront être employées
en coloration d'ensemble, mais leur peu de stabilité
à la lumière et leur grande solubilité dans l'alcool sont
des obstacles sérieux à leur emploi. Je signalerai cependant le jaune d'aniline qui, par transparence,
donne des rouges orangés très précieux pour les effets
de soleil couchant, mais il s'emploiera plutôt au pinceau qu'en teintes d'ensemble.

La peinture de nos épreuves positives sera achevée
au pinceau. On peut employer, à cet effet, soit les
couleurs à l'huile transparentes, dégraissées et dissoutes
dans les vernis, soit les couleurs d'aniline à l'eau ou au
vernis, soit les couleurs transparentes d'aquarelle.
Pour mon compte je préfère les couleurs à l'albumine
en tube d'Encausse, ell sont tout à fait transparen-

tes, très brillantes de ton, et pas trop difficiles à employer lorsque les teintes à poser ne sont pas trop
étendues. Le grattoir donnera de très jolis effets s'il
est judicieusement employé ; il permettra de faire des
ciels étoilés, des effets de lune, des reflets dans l'eau
et surtout de très beaux nuages blancs.

Ces quelques mots sur la peinture des verres sont
suffisants pour l'amateur au courant du maniement
des couleurs, mais on trouvera tous les renseignements
nécessaires dans l'excellent ouvrage de M. de Béro-
ville, « *Peinture des vues sur verres et des tableaux
mécanisés pour les projections lumineuses* ».

La vue, une fois peinte et bien sèche, on pourra la
vernir, ce qui est au fond inutile, puis on la montera
entre deux verres et on la bordera suivant les procédés
habituels. Comme elle présentera en haut et en bas
une marge de plus d'un centimètre, on en profitera
pour coller une étiquette placée absolument comme la
légende d'une gravure sous cette gravure. Cette étiquette servira à la fois à désigner la vue et à en repérer
le placement dans l'appareil à projection. On pourra
y ajouter le fameux petit rond du congrès, mais, ici,
c'est absolument inutile.

Pour plus de détails sur la photographie, montage des pièces d'ombre, on consultera avec fruit l'ouvrage de M. Carteron, « *Cours familier de photographie* », où l'on trouvera, avec beaucoup de formules,
l'indication des procédés spéciaux qui peuvent servir
à l'occasion.

Dans les mécanismes appliqués aux ombres, les
plus simples sont les meilleurs et ce sont notamment
les tableaux à grande course qui pourront être utile

Fig. 75

ment employés pour varier les effets et faire passer des défilés dans les arrières-plans.

Nous donnons (fig. 75), un fragment du défilé des Chevaliers, dans notre pièce *La Blanche fée* qui, bien qu'étant exécuté en zinc, peut servir pour un tableau à grande course, obtenu par la photographie.

Ces défilés pouvant être tirés légèrement et virés au violet auront beaucoup de recul. Mais ces tableaux mouvementés ont le grand inconvénient d'être lourds et encombrants, et d'empêcher le changement rapide des vues, à moins que l'on ne dispose de deux lanternes superposées verticalement. On trouvera aussi dans notre *Grand Manuel de Projection* (1), des détails complets pour le montage des tableaux combinés, destinés à produire les effets de passage du jour à la nuit, les effets de neige, de lune, d'éclairs, etc.

(1) Le *Grand Manuel de Projection* (Alber et Hégé).

CHAPITRE VII

Bruits de Coulisse et Effets Accessoires

Avec nos premiers plans formés de nos personnages en zinc, avec nos fonds photographiés et peints, notre scène est sur pied ; de ces deux parties la première est toute mécanique et quelques défauts dans son exécution passeront inaperçus, la seconde est plus délicate, surtout en ce qui concerne la peinture des épreuves ; si elle est bien réussie, le résultat sera tout à fait comparable à celui qu'on obtient par des procédés plus compliqués dans les grands théâtres d'Ombres. Si l'on ne se sent pas capable de peindre convenablement les fonds, il faudra restreindre cette peinture à un minimum ou même la supprimer complètement ; l'effet sera diminué sans doute, mais restera encore très suffisant.

A la représentation, on complètera l'effet au moyen de certains accessoires, bruits de coulisse et procédés qui ont été indiqués par nous, dans les articles de la *Nature* déjà signalés, mais que nous allons rappeler,

car les ombres *vivent* véritablement par les accessoires, par les bruits extérieurs. L'œil qui a déjà subi
l'illusion, et a forcé l'imagination du spectateur à agir,
est aidé puissamment dans cette sorte de suggestion
par un autre sens, l'ouïe, et c'est celui-là qu'il faut soigner.

Certains effets relatifs à la vision sont obtenus en
dehors des découpures et des vues projetées.

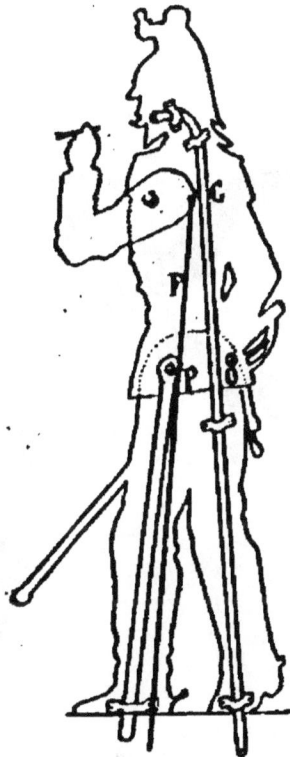

Fig. 76   Fig. 77

C'est la fumée de la cigarette qui, lancée en flocons,
simule la fumée du champ de bataille, ou, conduite
au point voulu d'une pièce d'ombre, au moyen d'un
tube adroitement dissimulé représente, soit la fumée

(fig. 77) d'un cigare, soit celle de la mèche de la bombe anarchiste. La poudre de lycopode projetée au moyen d'un soufflet à punaises, dans la flamme d'une lampe à alcool, reproduira l'éclair, tandis qu'une plaque de tôle agitée fera le bruit du tonnerre. La grosse caisse remplacera le bruit du canon, une crécelle celui de la fusillade ; des brins de coton poudre ou de petits tortillons de papier de soie remplis de poudre de chasse, enflammés à temps, nous donneront le feu des fusils

Fig. 78

ou l'éclatement des bombes et un emploi judicieux des feux de bengale pourra être fait de temps en temps. Si l'on ne dispose pas de deux lanternes et même si on les a à sa disposition, les effets de lever et de cou-

9

cher de soleil pourront être obtenus au moyen de teinteurs, qui sont en vente chez les fabricants d'appareils à projection. Enfin, les cris enthousiastes des opérateurs remplaceront les acclamations populaires et les bombes s'imiteront en lançant des bouchons de bas en haut sur la toile.

Nous avons obtenu un très joli effet en imitant derrière la toile, le bruit du liquide qui tombe, en même temps que le personnage (fig. 78), verse à boire avec son amphore. Deux verres, dont l'un est plein, l'autre vide, servent à faire ce bruit à l'infini en versant le liquide de l'un dans l'autre et réciproquement.

Ce serait sortir de mon sujet, déjà trop étendu, que de parler de la manière dont notre pièce sera conduite et de la façon dont la partie optique et mécanique devra se juxtaposer au chant, à la musique ou à la récitation ; cette coordination sera l'affaire de quelques répétitions.

Avec le théâtre d'ombres, tel que l'amateur peut l'organiser en suivant nos conseils, il disposera d'une source de distractions très intéressantes et de l'un des spectacles les plus artistiques que l'on puisse offrir dans un salon. Notre clientèle nous demande souvent le théâtre d'ombres, de préférence à toute autre distraction, et l'idée que nous avons eue et dont nous nous félicitons, de rendre ce théâtre portatif, nous permet de le présenter dans les familles, où il fait les délices de tous les spectateurs. C'est pour cela que nous sommes certains d'avoir été utile à nos lecteurs en leur indiquant la marche à suivre pour établir facilement, sans grands frais et avec certitude de réussite, cette récréation artistique.

CHAPITRE VIII

Ombres projetées. — Ombres vivantes. — Les Jeux avec les Ombres.

Nous venons de voir le Théâtre des Ombres dans tous ses détails, mais les ombres peuvent offrir encore quelques distractions. En présence du poids nécessité par les pièces découpées et de l'immobilité des ombres projetées, on a eu l'idée de faire de petites découpures mouvementées que l'on passe dans la lanterne de projection comme des vues ordinaires et qui sont projetées sur la boîte, à la grandeur que l'on désire, suivant le plus ou moins de recul de l'appareil.

Ces petites découpures, sont en métal, très finement faites et mouvementées avec soin.

Nous savons qu'il existe dans le commerce *Le Forgeron*, dont nous reproduisons la figure. Le bras marche et le soufflet monte et s'abaisse (fig. 79).

La Balançoire. — Deux enfants placés aux deux extrémités d'une poutre se balancent doucement.

Fig. 79

§ *Le Montreur d'Ours.* — L'ours se balance et son maître s'approche ou recule.

Jeannot sur son Ane. — L'âne rue et Jeannot secoué par les ruades remue la tête (fig. 80).

Fig. 80

Napoléon Ier et la Sentinelle. — Le premier s'avance et la sentinelle présente les armes.

Nous croyons savoir qu'une douzaine de sujets différents sont en préparation et seront, sans doute, en vente, lorsque paraîtra cet ouvrage.

Les petites découpures ne peuvent remplacer les

ombres, mais elles donnent de bons résultats dans un théâtre d'ombres, et même dans une séance de projection, surtout si elles sont bien présentées avec un récit approprié. Voici, comme exemple de ce que l'on peut dire en passant ces ombres, le « boniment » avec lequel nous accompagnons la découpure de Napoléon Ier et la sentinelle.

La Sentinelle. — Ah ! le Petit Caporal. Attention ! fisque. Présentez arme ! Une, deusse !

Napoléon. — Ah ! c'est toi, mais je te reconnais !... Comment t'appelles-tu ?...

La Sentinelle. — Pierre, mon Empereur.

Napoléon. — Eh bien ! Pierre, tu feras trois jours de salle de police pour avoir des boutons mal astiqués. Place ! Repos !

Dans le même ordre d'idée, nous pouvons signaler certaines vues de projection donnant un décor, et une ombre mouvementée. L'acrobate au trapèze et le singe au trapèze (fig. 81), la danse des nains, sont de ce genre.

Fig. 81.

D'autres ombres très intéressantes, ce sont les
ombres vivantes. Elles sont assez faciles à réaliser et
donnent de bons résultats. Ce sont simplement les
ombres de personnages se tenant près d'une toile, entre
cette toile et l'appareil d'éclairage, les spectateurs
étant de l'autre côté. Tous les amateurs ayant une
grande toile pour projections en transparence et un
chalumeau oxhydrique ou oxyéthérique pourront réaliser ces ombres. Il suffit de tendre la toile dans une
pièce assez vaste de façon à couper la pièce en deux,
une moitié étant réservée aux spectateurs, l'autre étant
destinée à la production des ombres. Dans cette dernière le chalumeau ou le carburateur est placé sur une
table à une certaine distance de la toile. Cette toile
doit être encadrée à droite et à gauche soit avec des
draperies, soit avec des paravents ; et si la disposition
du local permet d'encadrer complètement la toile de
façon à n'avoir que cette toile de lumineuse, l'effet
sera plus grand. La toile aura été tendue de façon
qu'elle rase le sol ; il suffit alors aux opérateurs de se
promener entre l'appareil d'éclairage et la toile pour
que leur ombre soit projetée d'une façon très nette
sur cette dernière. Plus la toile sera grande, plus les
scènes pourront être importantes. Nous avons vu dans
des théâtres de véritables pièces très amusantes de 15
ou 20 personnages avec décors découpés en silhouettes.
Cela nécessitait une toile de 10 mètres de côté et l'é-
clairage électrique ; mais avec une toile de 2 mètres de
côté, il sera possible, dans un salon d'obtenir de bons
résultats en bornant le personnel à trois personnages
en scène.

Le sujet à représenter est absolument à la convenance des opérateurs ; mais il ne faut pas oublier que dans ce genre de récréation, comme il n'y a pas d'explications, pas de récitant, l'action doit être nette, précise, afin d'être bien comprise du public. Un seul effet assez comique doit être signalé. Il peut être employé dans des pièces fantaisistes ou féériques : lorsqu'un des personnages s'éloignant de la toile s'approche de la lanterne, son ombre grandit. Cela permet de faire apparaître un géant. Si le personnage marche vers l'appareil, puis passant à côté finit par sortir du champ lumineux, il semble au public qu'il s'est évanoui en s'agrandissant dans une brume, absoment comme une ombre : ce qui est de circonstance.

Les ombres vivantes nous remettent en mémoire le jeu du Collin-Maillard qui a été décrit dans le Journal *Ombres et Lumière* et qui n'est en somme qu'une adaptation des ombres vivantes dont nous venons de parler.

« Les joueurs se placent dans une pièce quelconque communiquant avec une autre au moyen d'une porte (à deux battants, autant que possible). Un drap, une nappe ou un écran de calicot est placé devant l'ouverture de la porte et une bougie se trouve dans la pièce des joueurs. Il est compréhensible que toute personne passant entre la bougie et l'écran portera son ombre sur l'écran et sera ainsi assez facilement reconnaissable. Le patient se place dans la seconde pièce et doit nommer les joueurs à haute voix au fur et à mesure qu'ils se présentent. Lorsqu'il a deviné juste, la personne nommée prend sa place, et ainsi de suite. Pour que le jeu

soit possible et intéressant, les joueurs doivent passer
de profil devant l'écran et sont autorisés à prendre
tous les changements de physionomie en leur pouvoir,
en variant les coiffures, en mettant des lunettes, un
lorgnon, en cachant leur barbe dans un cache-nez, etc.,
mais en laissant toujours voir leur profil ainsi modifié.

Nous avons vu jouer à ce jeu dans une maison amie
où la bougie était remplacée par la lumière oxhydrique ; l'effet était alors plus grand, car l'opposition
de l'ombre et de la lumière étant plus apparente, les
joueurs pouvaient passer à une grande distance de la
toile et donnaient ainsi des silhouettes géantes tout à
fait curieuses et d'un aspect peu ordinaire. »

Dans les jeux d'ombres nous pourrions encore citer
les ombres séditieuses qui, suivant l'époque, représentaient Napoléon Ier, Louis XVIII, etc. Ces ombres
étaient produites par le profil tourné de cannes, de
manches de cachets, etc.

Les images mégalographiques faites au moyen de
cartons découpés sont assez amusantes en dépit de
leur nom tant soit peu barbare. Dans ce jeu, on prend
une gravure, une tête très expressive et on enlève avec
des ciseaux ou un canif toutes les parties blanches, ne
laissant que les noires. Si on interpose un dessin ainsi
découpé entre une surface blanche et une lumière, on
aura une ombre exacte du dessin, ombre très dure,
très arrêtée si le carton est très près du champ blanc,
mais qui s'adoucira, s'estompera et donnera des demi-
teintes si on approche de la source lumineuse.

Les ombres nous ont souvent été demandées pour

jouets d'enfants : aussi avons-nous construit des théâtres portatifs avec des personnages découpés en métal et mécanisés que nous avons établis avec la boîte et le châssis pour 29 francs.

Les personnages ayant de 15 à 18 centimètres de haut, le théâtre a souvent amusé autant les parents qui l'avaient acheté que les enfants à qui il était destiné.

CHAPITRE IX

Ombres avec les mains

Dans les ombres, nous devons rappeler aussi les ombres avec les mains. Tout le monde connaît l'ombre classique le lapin, et il y a quelques années ce sujet était à peu près le seul connu. On ignorait tout le parti que l'on peut tirer de ce procédé si simple, mais difficilement réalisable d'une manière parfaite. C'est Trewey qui a, pour ainsi dire, créé ces ombres et après lui quantité d'imitateurs sont entrés dans cette voie. Aussi les sujets d'ombres faites avec les mains sont nombreux. Nous ne nous étendrons pas sur ce sujet qui a fait l'objet d'ouvrages spéciaux, mais nous le signalons pour être utile à ceux de nos lecteurs que cela pourrait intéresser. Il nous avait semblé curieux de rechercher si, avant Trewey, les ombres dites avec les mains étaient connues et nous avons résolu la question affirmativement. Le résultat de ces recherches a été publié par nous dans le Journal *La Nature* du 22 septembre 1894. Le plus ancien docu-

ment que nous ayons rencontré est un ouvrage chinois intitulé « Yaskinaï-Koussa », dû à Waki-Saka-
Gui-Dô et publié en 1790. Dans la planche qui a
accompagné cet ouvrage, on retrouve quelques-unes
des combinaisons aujourd'hui rénovées, l'oiseau, le
crabe, etc., et on voit que, comme le font de nos
jours les artistes en schadowgraphie (ainsi que quelques-uns s'intitulent), l'ombromane chinois s'aidait
de petits accessoires, cartonnages découpés ou autres
pour arriver à produire ses ombres. C'est même là
l'écueil ou tout au moins le point faible de ces ombres
dites avec les mains qui nécessitent l'emploi d'objets
autres que les mains.

Les ombres avec les mains se font directement sur
un écran ou par transparence. Disons que l'opérateur
doit avoir sa lumière à gauche, que cette lumière
doit être environ à trois mètres de la toile, qu'il doit
chercher à peu près entre cette toile et la lumière la
place qu'il devra occuper, plutôt près de la toile que
de la source lumineuse (on perdra de la grandeur,
mais on gagnera de la netteté), que cette source lumineuse pourra être un chalumeau oxhydrique, un carburateur oxyéthérique, ou une bougie, que cette
lumière sera à peu près à hauteur de l'estomac de
l'exécutant.

• Le lecteur en sait maintenant autant que nous et
nous prétendons que les ouvrages les plus compliqués
ne lui en apprendront pas davantage. A lui d'étudier
nos figures et de les réaliser en ayant soin de regarder
l'effet produit sur l'écran et non ses mains. Du premier coup il n'arrivera pas à réussir tous les sujets et
surtout à les avoir assez dans la tête et dans les doigts

pour les présenter instantanément comme un spécialiste. Mais il n'y a pas à se décourager et un résultat plus que satisfaisant sera vite atteint.

Tous les recueils publiés jusqu'ici, en France et à l'étranger, ont donné des dessins d'ombres, dont la plus grande qualité est le nombre. Nous n'avons pas voulu tomber dans le même défaut, aussi avons-nous éliminé de la collection des ombres connues, toutes celles faisant double emploi, toutes celles qui, dans les mains de l'amateur, ne donneraient pas un résultat suffisant. Tous les modèles que nous donnons sont d'un effet sûr.

Fig. 83.

Le coq (fig. 83) peut être accompagné du cri de l'animal. Dans ce cas, il faut faire mouvoir les pouces pour ouvrir le bec, et levant les mains légèrement les renverser en arrière pour bien figurer l'animal lançant son chant.

Fig. 84.

Le cygne (fig. 84) est une des figures les plus faciles. Il faut agiter de temps en temps la main gauche formant l'aile et en fléchissant le poignet droit, puis le secouant rapidement de droite à gauche et un peu en cercle, on obtiendra l'image du cygne qui fouille dans ses plumes.

Fig. 85.

Le canard (fig. 85) peut se faire de chaque main. On simule alors une dispute de deux animaux.

Fig. 86.

Le chat (fig. 86) remue la queue en agitant le petit doigt. Il passe la patte par-dessus son oreille en passant le pouce par-dessus l'index et il lisse son poil en inclinant le poignet sur le bras nu et l'agitant assez rapidement.

Fig. 87.

La chèvre (fig. 87) peut agiter très doucement ses cornes et en remuant le doigt du milieu et l'annulaire on la fera brouter.

Fig. 88.

L'éléphant (fig. 88) remue sa trompe, la dirige en avant comme pour recevoir du pain, et la porte à la bouche, le tout par une simple flexion en avant et en arrière de tous les doigts tendus.

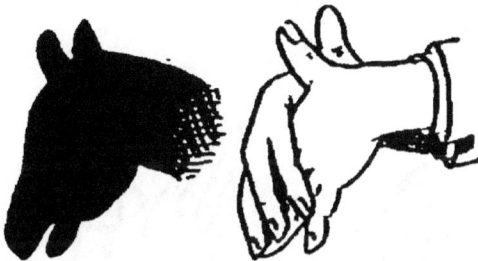

Fig. 89.

Le cheval (fig. 89) peut secouer légèrement la tête et dresser un peu les oreilles en agitant les pouces.

Toutes les autres figures d'animaux dérivant de celles-là, nous nous sommes attaché surtout aux personnages destinés à faire de petites scènes comiques. Ce sont les sujets qui plaisent le mieux. Le

lecteur en croira notre expérience acquise ou en fera
l'essai à ses dépens. Quand le public a vu sur la toile
une douzaine d'animaux, mettons vingt au maximum,
il en a assez et désire autre chose, aussi les petits personnages arrivent-ils à propos pour le distraire et surtout l'égayer, et comme il s'amuse, le spectacle ne lui
dure pas et pourrait être prolongé presque indéfini-
ment sans se lasser.

On verra dans ces figures que l'on emploie souvent de petites découpures pour aider à la réalisation
de l'ombre. L'amateur industrieux n'aura qu'à suivre
nos dessins et leurs proportions pour établir soit en
carton ou en zinc les découpures qu'il désirera. Nous
avons jugé inutile de donner des accessoires à la
grandeur naturelle, préférant consacrer la place dis-
ponible à d'autres dessins plus intéressants.

Voyons d'abord quelques personnages créés sans
aucun accessoire.

Fig. 90

Le clown (fig. 90) avec son chapeau de feutre mou.
On lui fait agiter le nez en remuant l'index et il ou-
vrira la bouche en écartant l'annulaire et le doigt du
milieu.

10

Fig. 91

Le paysan endimanché (fig. 91) est à peu près la même combinaison, mais ici l'index franchement allongé forme le bord du chapeau.

Fig. 92

Les politiques de village (fig. 92) nous indiquent l'emploi des cartonnages pour coiffures. En remuant convenablement les petits doigts et annulaires de

chaque main, on fera se livrer les deux politiciens à
une conversation vive et animée et sans doute aussi
intéressante qu'utile.

On obtient en se servant d'une main pour produire la
figure et de l'autre main pour faire le bras gesticulant
du personnage, toute une série de drôleries fort amusantes. Dans ce cas, la main qui fait la tête doit être
plus près de la lumière que l'autre, afin d'avoir une
tête de grosseur proportionnée au bras.

Fig. 93

Nous voyons d'abord *l'avocat* (fig. 93). Ici inutile
de découper un cartonnage : trois cartes à jouer, ou
trois cartes de visite feront le bonnet et en gesticulant
convenablement on aura l'illusion d'un plaidoyer serré
et convainquant.

Fig. 94

Le chef, Vatel d'une grande maison (fig. 94), goûte
la sauce en y plongeant le doigt et portant à la bouche
cette cuiller improvisée. On peut avoir dans la main
libre une bouteille qui, au lieu de verser le madère dans
la sauce, sera portée à la bouche.

Fig. 95

La première cigarette (fig. 95). Ici le cartonnage forme

l'œil et le front du personnage. En remuant l'index on
fait varier la grandeur de l'œil et les deux doigts infé-
rieurs font le mouvement nécessaire à l'aspiration de
la fumée. On peut compliquer en tenant en main un
petit caoutchouc qui, caché par le bras et aboutissant à
la bouche de l'opérateur, permettra de faire lancer de
la fumée au petit personnage.

Dans le même ordre d'idées et en variant les cartonnages on peut faire l'ivrogne qui boit son verre, la
concierge qui prend son café au lait. Dans ce cas la
tasse doit être posée sur une petite table dont l'ombre
est projetée sur l'écran et la main libre est armée
d'une petite cuiller. Citons encore Pierrot qui se gratte
le menton et fait un pied-de-nez, un vieux soldat qui
prend une prise, tire son mouchoir, se mouche, etc.

Nous allons maintenant entrer dans la série des petits
vaudevilles à plusieurs personnages et comme transi-
tion nous indiquons (fig. 96) le prédicateur en chaire.

Fig. 96

Dans ce genre de figure la tête est faite avec les
quatre doigts, le pouce formant le bras. Devant le

prédicateur la chaire est faite par le bras libre qui, étant très rapproché de la lumière, paraît très grand et légèrement estompé. Une plaque de bois attachée au poignet fait le rebord de la chaire et à défaut de cet accessoire incommode, on peut employer le moyen dont nous usons : on fait gonfler en avant la manche du vêtement, en la bourrant avec un mouchoir de poche tassé en boule. De cette façon la manche avance assez et se tient assez ferme pour simuler le bord de la chaire. On fait apparaître le personnage derrière la chaire. Il monte lentement, se retourne pour fermer la porte et s'incline sur le bord de la chaire. Puis il commence son sermon. Le pouce gesticule doucement, puis plus fort, tape sur le rebord, se lance vers le public, le corps tout entier se penche en avant. On prolonge ainsi le discours aussi longtemps qu'on veut et l'on fait enfin sortir le prédicateur comme il est entré en le retournant.

Fig. 97

Voici quelques personnages du même genre : *Le monsieur qui va en soirée* (fig. 97).

Fig. 98

Le jockey (fig. 98). Ici un petit élastique ou un anneau de ficelle légère forment les guides.

Fig. 99

Le pêcheur à la ligne (fig. 99). Un cartonnage bouclé sur le bras simule le bateau et la main libre accroche à la ligne, après qu'elle s'est baissée et levée plusieurs fois sans résultats, les petits accessoires représentés sur la figure, une casserole, une bottine et enfin un poisson que l'on peut annoncer comme étant un harang-saur. L'opération de l'accrochage est naturel-

lement cachée au public par l'ombre du bateau et le
crochet fixé au bout du fil de la ligne doit être assez
ouvert pour permettre d'enfiler facilement dessus les
objets dont chacun porte un trou.

On peut avec de petits personnages exécutés
comme ceux dont nous venons de parler, jouer de
petites pièces. Nous n'en indiquerons aucune, laissant
toute latitude à la fantaisie des opérateurs qui, avec

Fig. 100

le gendarme (fig. 100), *la bonne femme* (fig. 103), *le*

Fig. 101

soldat (fig. 103) *le monsieur en chapeau haut de forme* (fig. 101) *le pompier* (fig. 102) et avec les autres qu'ils pourront inventer seront à même de composer quantité de petites scènes, que l'on explique ou que l'on dialogue au public.

Fig. 102

Le pompier (fig. 102) porte à la main une bouteille.

Cet accessoire, ainsi que tous ceux que l'on peut employer (pipe, balai, verre, casserole, parapluie, sabre et d'autres plus risibles, mais dont la place n'est pas parmi ceux que nous présentons), se fixe au bout du pouce au moyen d'un petit anneau semblable à celui qui est figuré sur la bouteille.

Comme le théâtre d'ombres avec les mains ne comporte pas de décors, on peut, dans certains cas, en

Fig. 103.

improviser un en expliquant au public que la tête de l'opérateur (fig. 103) devra être considérée comme une maison avec terrasse au-dessus et balcon figuré par l'oreille. L'épaule formera le sol de la rue.

Nous n'avons pas voulu nous étendre davantage sur les ombres avec les mains qui nous sortent un peu de notre sujet. L'ingéniosité du lecteur sera suffisante pour créer du nouveau avec les éléments constitutifs que nous avons indiqués.

Ici se termine la besogne agréable que nous nous étions assignée en commençant cet ouvrage.

Espérons que la lecture en aura été agréable aussi à ceux qui auront bien voulu se donner la peine de la faire.

Malgré tout le soin que nous avons mis à n'oublier aucune chose importante, il est possible que le résultat de nos explications laisse encore quelques amateurs dans l'indécision sur certains points. Dans ce cas, nous nous ferons toujours un plaisir de renseigner le lecteur sur les difficultés qu'il voudra bien nous exposer et d'élucider les questions qu'il aura à nous poser.

Le Prestidigitateur ALBER,

68, Rue François-Miron,

PARIS.

PRIX DES THÉATRES COMPLETS

Théâtre démontable, rideau à coulisse, monture façon noyer, ouverture de la scène 120 × 70, personnages en métal fort de 3o cent. de haut, rideaux de côté, 4o personnages dont plusieurs mécanisés . . . . 125 »

Le même plus soigné, personnages plus forts, rideau étoffe plus riche. . 200, 175, 150 »

APERÇU DES PRIX POUR ACHATS SÉPARÉS

1 personnage immobile (à dessiner spécialement) 2 50
1 personnage immobile (de la collection) 2 »
1 personnage *mécanisé* (à dessiner spécialement) 3 50
1 personnage *mécanisé* (de la collection) 2 50
  Et au-dessus.

GRANDS GROUPES & ENSEMBLE

Régiment qui passe . . . . 30 »
Batterie autrichienne et la 32ᵉ demi-brigade . . . . 30 »
Le pont cassé, pièce complète . . . . . 22 »
Malborough, chanson complète . . . . . 22 »
  Etc., etc.

DÉCORATIONS

Le moulin, le château-fort, arbre depuis 6 »

CES PRIX SONT NETS, AU COMPTANT

PORT EN SUS
Pas de première commande au-dessous de 20 francs

TABLE DES MATIÈRES

FIN DE LA TABLE DES MATIÈRES.

BEAUVAIS. — IMPRIMERIE PROFESSIONNELLE

www.ingramcontent.com/pod-product-compliance
Lightning Source LLC
Chambersburg PA
CBHW050000100426
42739CB00011B/2443